Bible
Word Search
LARGE PRINT
Christmas Puzzle Book
for Kids & Adults

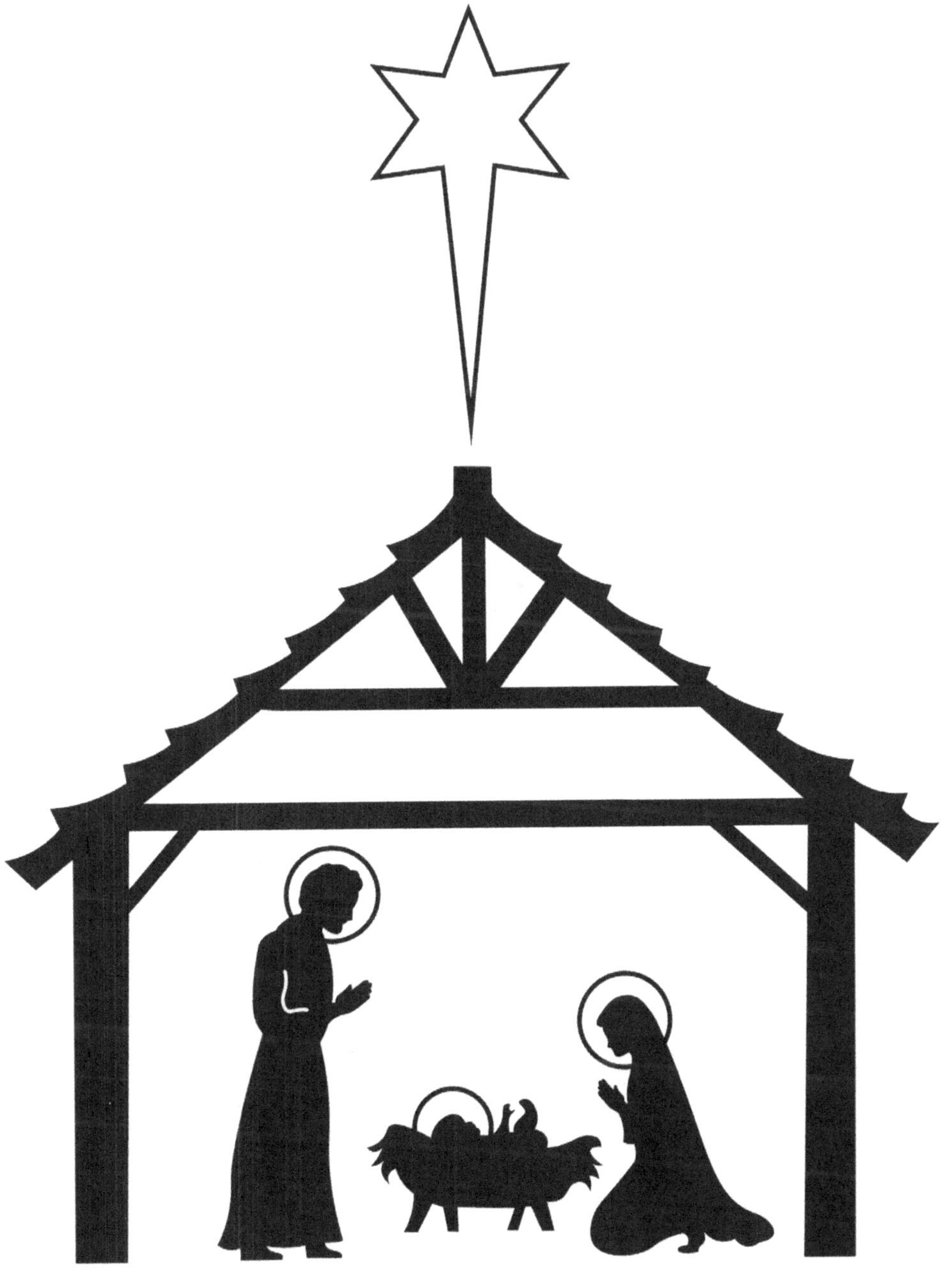

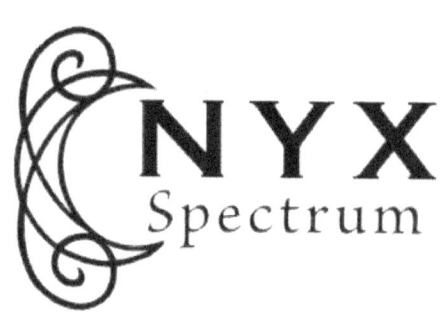

Published in 2018 by
Nyx Spectrum

Printed in the United States of America

ABIDE IN CHRIST

```
C R E A T E D F O R P U R P O S E Q M
K X P X H Q I R X E I D W H R B R E Y
G B O R Z L S R E C E D Y C J I I M N
C F C Y A J L T B F C F F R J S D N Z
O H M O F I C H Y Y O C C O U N C I L
N D P L A U S H P F N H A R T S T F L
F C D R R K N E L A V O S H Q A S O Z
E G K T O U Z S Q G E S T U H C A E K
S Y S G J A F L E C R E O M J R L F Y
S N T R I U M P H S S N U B S I V J O
I R H Y J U S T L Y A Y T L F F A N G
O L F O R G I V E N T A F E D I T B F
N D E P G E C C Y E I H E H T C I E G
M E W Z A L S A V I O R A F Y E O L U
R L X P W A D T R K N E R O H Y N I V
E I K M E R C Y O D X K B L E S S E D
V G A O F N C K B R M G O L C A X V E
I H M I R A C L E S E L Y O O Z U E U
D T B E A U T I F U L S X W T P I O J
```

Mercy	Chosen	Praise
Sacrifice	Created for Purpose	Conversation
Salvation	Forgiven	Confession
Delight	Blessed	Justly
Restores	Savior	Humble
Follow	Cast out Fear	Believe
Triumphs	Instruct	Miracles
Council		Beautiful

ADVENT

```
S U T J V G N U F E O B U H U G N P O
I F A X E W N V M F V N Q H L N G I H
K F C U B F U I J E S U S O G R J Y V
L S E O L I G K M U T F R N A V J T T
Z N L X T T P M Q O I Y I Q X H M I C
R O E Q E S W S D Y C V M V L A K V E
M I B F Q E T L A C I G R U T I L I Z
N T R H N I C X M G M P B F O T Y T A
O I A Y J G O T T G L G P W W A L A Y
U D T Y L D H F A T T N R B D S I N X
E A I T H S I F L N P I T N Y L H G P
Z R O T U G Y C L S T T U V A O J Y I
L T N C A L E N D A R S S A R N W H
W S U D J E U Z Y D U A X H C A J V S
R B Q D G N I T I A W F E O I C G O R
E B R X R L W C H U R C H K O S S G O
A A P U V M N O I T A R A P E R P R W
T D U A L X O S J H D U S E L D N A C
H D A I L Y D E V O T I O N A L Y S B
```

Expectant	Glory	Traditions
Waiting	Sunday	Jesus
Preparation	Candles	Worship
Celebration	Church	Carols
Nativity	Wreath	Fasting
Coming	Daily Devotional	Calendar
Liturgical		Gift Giving

ANIMALS IN THE BIBLE

```
V N O C L A F D G E E S Z B F H S F R
Y X X J I H Y H O T S A M X F F R O G
L K W R L E Y Z A K O R G L B I V S X
F O U R H L N H T M G V O L I L C G L
R E T X U J L I J P Y W K H E O K C Y
E V U B N I B A M O S Q D H E W I Y A
T F Z Q I K W O U R Y N O I P R O C S
T A J T C W L L U B E Z L E I W E T C
U Q K L O K C Y F X Q P P S T A G C
B M C E R C Z X O G O P H A A C W S T
G P P O N C D E F Z X I I S B A H W V
L R Q P F K D T K Z N U N H N Y A U G
S W G A G N Y R L L E L E M A C L P J
O R O R K J I Y Y B U K C N E R E C C
V D A D J F X S A C T H S I F V E J N
H J U E Q X E S W N L T W O Z W L O Z
N L M Y B O I R C R A N E D C O I I R
J C Y D G F T H B A M U N L J L H S G
K P D D V V Y I E M B Y F T Y V J L P
```

Ape	Ermine	Leopard
Bear	Falcon	Lion
Bull	Fish	Owl
Butterfly	Frog	Ram
Camel	Goat	Scorpion
Crane	Hare	Stag
Dolphin	Horse	Unicorn
Eagle	Lamb	Whale
		Wolf

5

ARTIFACTS OF RELIGIOUS ART

```
Q D E V E T O C E G Q B R E D D A L O
L A H A T C H E T L R K L N S M U W M
S E V I H E E B U S D D U O L A N C E
C R E X Y M U R A F W R N W H A A G V
A B C H R O H C N A V O I A S S M H A
U C I O W V W L S C O U R G E K V P D
L E F X I U S O S E Y P G D Z F S I M
D O V F B N J A L C S A A B H Z S N W
R D K Q R B S K U D Y U K F U H V W T
O R O R R I M W K V U T B K H V O P
N E M S E C H E T R M N H S Z F R C I
O G O T N O L B G A K L T E X C Z C H
F R Y T O W L N Q B G A F A H V O F S
O J C L T G O Q U G F S K C N E N R K
I Q R G S N R K Y F R D N C A L R T R
L L U V L J C E O P X V D Z R L A O C
V L T C L O S Y S C A L E S Z H M O I
V N C L I N B S A N C R D C T R J E D
P U H K M S E E A R R O W L A N O L O
```

Anchor	Crutch	Millstone
Armor	Dish	Mirror
Arrow	Girdle	Scales
Beehive	Globe	Scourge
Bread	Hatchet	Scroll
Cauldron of Oil	Keys	Scythe
Cloak	Ladder	Sword
Coins	Lamp	Torch
Ship	Lance	Wheel
	Staff	

BE A LIGHT TO THE WORLD

```
S A Y X Y S C H P S P S F L W Y D M Y
M A W O M F T I D B R D E M U E O L A
P P C D F U C D X N E E A K O Z F A K
W A N R R P K Q M S C Y R R E W T C K
R P G T I C I Y X K I J L X Y J Y W W
D X R I D F M Q H W O N E I F O V B E
E D E G T F I V I H U Q S H V N E V G
Z E A O V Q M C K P S W S E L I K W D
L R T O N L Z A E S N G R I H L Q X W
Z E J Z Q L E W Z L A C Z X Y A H V W
Y W O W L O V E L Y O G V L I O Y Z E
T O Y P D T G V M D S A H P Q E C V
I P B B M P P T E K I C C E Y L I V E
R M N R L A R N X G K M Z Z O X R G
A E D U I D S T R E N G T H J J U S B
H A B B K G K O O X I W S E S P X K N
C G R O W G H D A F T T R I O A F Q K
A L Z Z Z E C T Y B Y X A E A A O F F
A Z I M P O R T A N T F U P R A Y E R
```

Charity	Fearless	Pure
Overcome	Soar	Lovely
Sacrifice	Grow	Patient
Truth	Precious	Calm
Prayer	Empowered	Bright
Rejoice	Important	Great Joy
Hope	Dignity	Strength

BEES

```
H I J L H F K T P U A W B D F I N N R
H A Z Y Y T G W B J E U A W G Q E D D
R D I D T H A R D W O R K M G C E P L
E U T R I V G P Y O M B Q F N T U I M
T P G G V E O J T L B O N E O I Q O K
S J N A I V O R U H O R U O R U X U B
U H I W T J D E T E G Q U J E X D S I
L C T T C O O V F O I C Y W W A S N
C O F K A Z R I Z L I V L S T X W P D
J L A C S K D H E B E E U F Q E S S U
U O R M E B E O E D I L I G E N C E S
S N G K C H R T A W A W E T O G J O T
K Y D F U I Q E X E J N N W D A S T R
X D E D D D U Z O O E G P I N H Y I
O S K P O Y E R M R S X A W S E E B O
R F X Q R A D T D S M T Y A J X O X U
I J U Y P V K H O N E Y C O M B O K S
N A Q S R S G H W Y T I N U M M O C M
G L O F O M K L U N P Y R X X H M M D
```

Industrious	Flight Path	Eloquence
Activity	Grafting	True to Hive
Diligence	Community	Beeswax
Hard Work	Pious	Cluster
Good Order	Virtue	Colony
Produces	Zeal	Queen
Sweetness	Honeycomb	Drone

BEGINNING TO LOOK A LOT LIKE CHRISTMAS

```
L V E M H P E K L X T V G P X Y M L B
A T U V Z H U P I R R H M Q H C L F X
P K I M E D N I K Y D R U T S E P V N
S E N A L R E V L I S G A Q R V R W M
W T Q D W G Y O G Y J C S E U K E E L
V X J E P Y P S Y O U R H E A R T T E
X S H H F V L V T C B W B X D W T U T
F K W N X G B D J O Y O N B L O I X O
U Y G O S L W V R R U R Z O C E G H
P W N N F T I S E A U E G J X F S C D
C I O Y I V O V T R H D R R O S T A N
A U L U G N E O O Y S T O X H V S R A
G C A W D W E O B T L W U L N U I O R
L X P Y I T D T S G L U O B L Y G L G
O Z O L T T U K S L E T O Y S S H N Y
W K H L N G H S Z I B I Q K P K T S X
L W A O I Q G I V J L B U J Y T N A E
T B R H L D K X N R N G R K M O X H X
I F X S D G Z H M W P V U X W S Z U Q
```

Everywhere	Sturdy Kind	Holly
Glistening	Bells	Front Door
Silver Lanes	Snow	Hopalong
Aglow	Carol	Boots
Toys	Within	Dolls
Every Store	Your Heart	Hardly Wait
Prettiest Sight		Grand Hotel

BIBLICAL PLACES

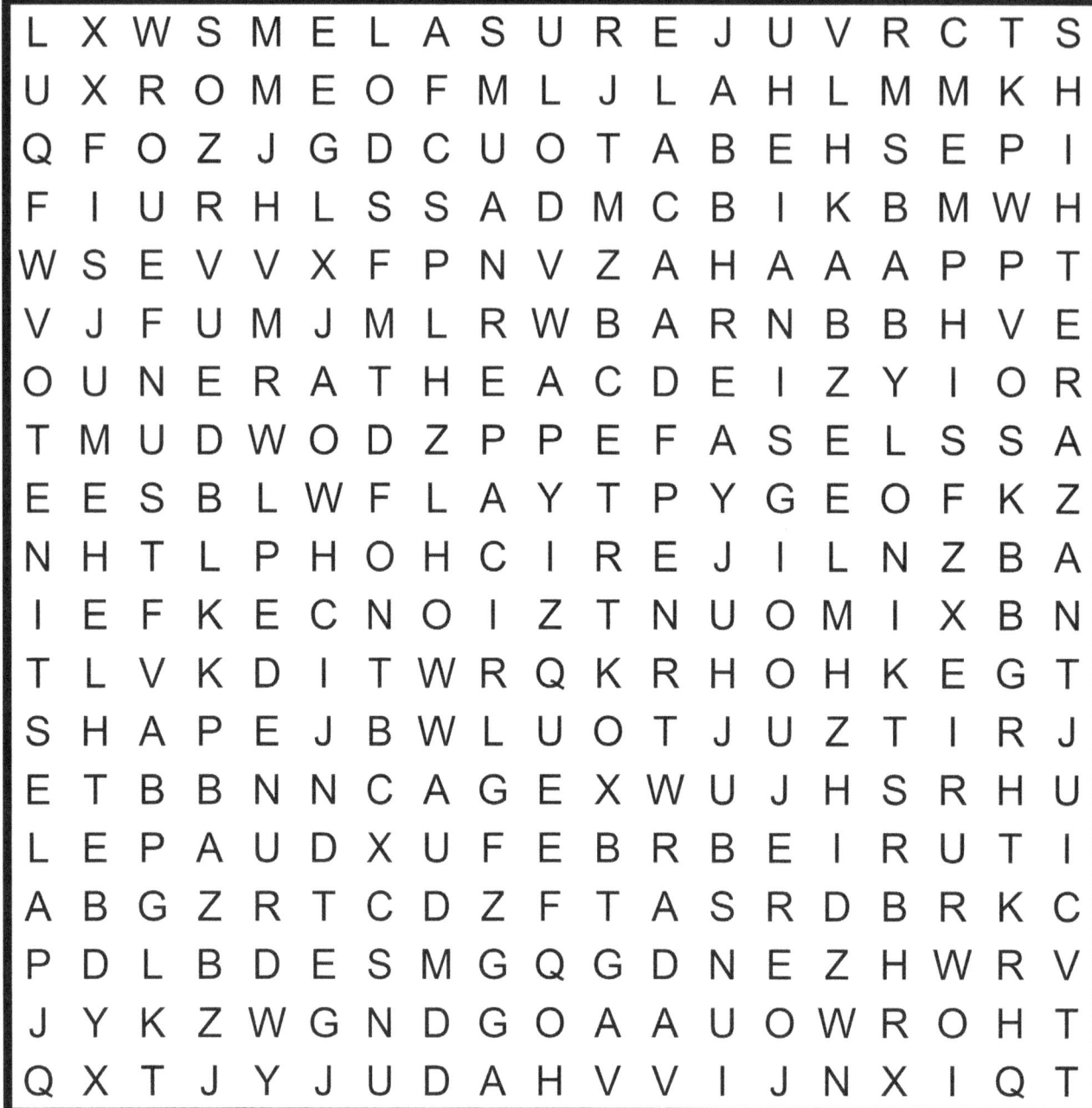

L X W S M E L A S U R E J U V R C T S
U X R O M E O F M L J L A H L M M K H
Q F O Z J G D C U O T A B E H S E P I
F I U R H L S S A D M C B I K B M W H
W S E V V X F P N V Z A H A A A P P T
V J F U M J M L R W B A R N B B H V E
O U N E R A T H E A C D E I Z Y I O R
T M U D W O D Z P P E F A S E L S S A
E E S B L W F L A Y T P Y G E O F K Z
N H T L P H O H C I R E J I L N Z B A
I E F K E C N O I Z T N U O M I X B N
T L V K D I T W R Q K R H O H K E G T
S H A P E J B W L U O T J U Z T I R J
E T B B N N C A G E X W U J H S R H U
L E P A U D X U F E B R B E I R U T I
A B G Z R T C D Z F T A S R D B R K C
P D L B D E S M G Q G D N E Z H W R V
J Y K Z W G D G O A A U O W R O H T
Q X T J Y J U D A H V V I J N X I Q T

Babel
Babylon
Beirut
Bethlehem
Bethesda
Capernaum
Eden

Nazareth
Palestine
Rome
Sheba
Sinai
Tubal

Egypt
Jerusalem
Jericho
Judah
Kabzeel
Lebanon
Memphis
Mount Zion

BIRTH OF JESUS

```
J S M T V R N B L O G H C Z S I U T J
N D A Y H Y M N S J J H T K C U B P K
M E Q L T Z K E W S A O A R J F S Z J
O S M R L I H K I N H K H G I G Z E T
P T I E X W V K F G C P I S C B H N J
W A O Q S C H I R E J O I C E Q E S U
Y B A B L I Y I T Y F H Z J J V N B S
G L Q D C D W Q H A F A N O D J U D G
C E Z T H R E E K I N G S A D A R Y S
I R E G N A M B R G K E T O B E B R A
N Y W S B W U O E S P G N P H I E A L
N A W X P G I L L H N K H P S U T M V
K K Z P D V N N M L E W E T X M H S A
E O W A A S C I I Y Q H A I S L L N T
E E H S R P P A S A S R J T L W E D I
P B T K C E H I M S G Q H Y H F H D O
E W I W I W T P R E E X B S Z A E X N
R C C X B L D H A I L L A I B E M Y Z
W B V L Z N Z R K B T S B J X N D Z I
```

Bethlehem
Jesus
Baby
Mary
Joseph
Wise Men
Three Kings
Nativity

Advent
Manger
Camels
Star
Stable
Angel
Nazareth
Donkey
Savior

Birth
Rejoice
Blessing
Hymns
Spirit
Shepherds
Salvation
Innkeeper

BOOKS OF THE NEW TESTAMENT

```
K W L X Y C R Z C J E F Y I C Q G W Y
I S E M A J F Y P N M T V X C Y S E J
N X B B F Y C Q H S R E A S U M N H G
G S K T L R Q O M W D W V W T N A T A
G C J V A X J P N U F B E E U J I T L
N O M E L I H P J K R Q R R D T S A A
N R K H D Q Z E W P T Y S B W F E M T
O I B W I O B T W J G J F E T X H H I
I N Y X S N A I P P I L I H P U P P A
T T K H C L X Q B S T C A S T S E L N
A H I P T D E Z I R U T J T N T O T S
L I O M S O L S O C N T Z A E E M X P
E A V G M U M E O K J S I R T T Q T W
V N S G P A B I G W Z S R T E W M L J
E S I P Z G R Q T X S Z X O Q K H F U
R Z A U T E H K B O C V H Y M E U S J
A M T H E S S A L O N I A N S A L L B
F G I N G D R O K Y N T F K M D N Y B
K I B E P H C C L G B V A F F G N S J
```

Revelation	Matthew	Luke
Jude	Acts	Corinthians
Hebrews	Ephesians	Mark
Thessalonians	Timothy	Romans
Galatians	James	Philippians
John	Colossians	Titus
Philemon		Peter

CATHEDRALS

```
Q Q Y I U X L O Z S C M M I M N W N D
B K R X A K F G A K J I G U Q U F F H
E E U B R D P B A C I L I S A B R L N
P Y B B A L E F R U S A G W I T O Y Y
I F R O O X E B X M H N R O A N M I W
S A E U F U W O I O P W E D L R A N Y
O R T X B M R E T C M E R N I W N G U
Q C N A M S R G U E B A C I G X E B R
C H A J S N I I E G I H P W O Y S U U
K I C O K Y Z L X S A V E E T T Q T E
F T X S A M O Z A R G R R S H N U T A
R E T S I N I M T S E W P O I O E R E
A C U G V H P R T B T H A R C T C E N
C T M E D I E V A L N Y U Y H R K S G
Y U J T S S X M R S N E I M A E D S O
X R R T K N T J H F Z O R Y M D P E L
K E L W F N C F A K X D F K F A J S O
Z W R I O H C X D Z K Y C I M M X D C
C N S G L L G I C K U E B D R E L G Q
```

Notre Dame

Salisbury

Cologne

Chartres

Basilica

Rose Window

Bourges

Amiens

Reims

Flying Buttresses

Choir

Canterbury

Prague

Gothic

Romanesque

Medieval

Architecture

Milan

Westminister

Orvieto

A CHILD IS BORN

```
L Y O J V P M E D E C E M B E R D D T
L G Z Z U M P A L M A E V C C I Q Q S
M J N F C O M L X A Q R Z H N D K Y T
G M S I H C Q D P X E J A R Q S J N M
V Z H E N E P N Q J S P I R I T U A L
Z S F O C I F F O B Y T X X R A Y D K
L B I R T H H I H S U R C W L R V O X
C C X P O B C S K L W J E S U S R G B
L B M R U E J T Y E X C S M B Y S X D
S N F E B D S N Q G V M C S B A S H C
Z Z F F L I G S A N C Y S W C Y R O I
M N B R R V G P U A A A C R V Z D P T
V T O H Z Y T B L O V R E X Q L Q P Q
P W C T L C E V N I I D A N M G D A A
Q U A O R R S E O E G R I J S P T L T
G C H U R C H R Y M U B O G U H M H L
Z H U L W B S D O L I B W L I D G U S
K T H U H R J C W J B S T H G I R B B
D I V I N E T D E S S E L B N O G S W
```

Stars
Bright
Shining
Night
Holy
Christ
Glorious
Saviors

Birth
Church
Rejoice
Sacred
Blessed
Spiritual

Angels
Divine
World
Hope
Jesus
God
December
Joy

CHRISTMAS MORNING

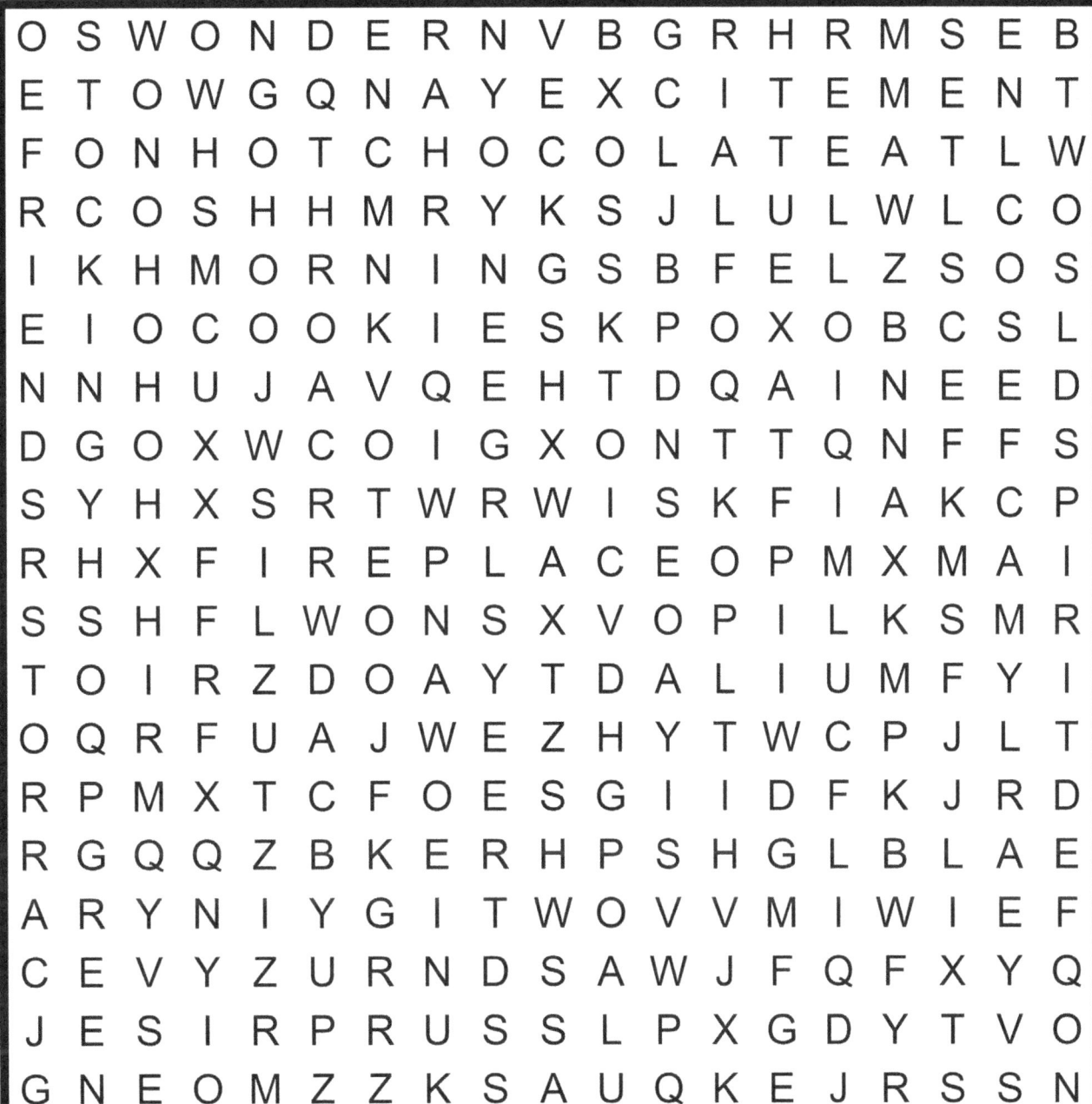

```
O S W O N D E R N V B G R H R M S E B
E T O W G Q N A Y E X C I T E M E N T
F O N H O T C H O C O L A T E A T L W
R C O S H H M R Y K S J L U L W L C O
I K H M O R N I N G S B F E L Z S O S
E I O C O O K I E S K P O X O B C S L
N N H U J A V Q E H T D Q A I N E E D
D G O X W C O I G X O N T T Q N F F S
S Y H X S R T W R W I S K F I A K C P
R H X F I R E P L A C E O P M X M A I
S S H F L W O N S X V O P I L K S M R
T O I R Z D O A Y T D A L I U M F Y I
O Q R F U A J W E Z H Y T W C P J L T
R P M X T C F O E S G I I D F K J R D
R G Q Q Z B K E R H P S H G L B L A E
A R Y N I Y G I T W O V V M I W I E F
C E V Y Z U R N D S A W J F Q F X Y Q
J E S I R P R U S S L P X G D Y T V O
G N E O M Z Z K S A U Q K E J R S S N
```

Gifts
Carrots
Tree
Wonder
Happiness
Surprise
Family
Friends
Food

HoHoHo
Noel
Red
Green
Stocking
Spirit
Pickle

Snow
Excitement
Kids
Cookies
Hot Chocolate
Apple Cider
Fireplace
Early
Morning

CHRISTMAS SONGS

```
W I N T E R W O N D E R L A N D T M K
H I S A W T H R E E S H I P S A H O W
E M O H E B L L I S Z R B A L R G W O
G L H T W S G O I C L T S U L C I G N
Z S G N I K E E R H T E W V A B N G S
M T H G I N Y L O H O P I J H S T D T
H W K C V Q G T Q W B V X G E D N V I
W J F R X K G T S E C J F Q H L E V T
N S L L E B F O L O R A C J T R L D E
H O O V Y Y M M H Q R K B C K O I S L
I P D P U J A O Q L G F N C C W S D W
Z Y U N F I R S T N O E L H E E Y E E
T Q R M U S T B E S A N T A D H K K Q
H O L L Y J O L L Y C H R I S T M A S
N L I T T L E D R U M M E R B O Y N X
S I L V E R B E L L S K G C O T I N P
C Y T N I P S Q J P J Z E I A Y G G X
R E G N A M E H T N I Y A W A O A Q L
J I N G L E B E L L S X G B F J C Q G
```

Away in the Manger
Deck the Halls
Frosty
Jingle Bells
Joy to the World
Let it Snow
O Holy Night

Rudolf
Carol of Bells
Holly Jolly Christmas
I Saw Three Ships
I'll Be Home
Must be Santa

Silent Night
First Noel
We Three Kings
Silver Bells
Little Drummer Boy
Winter Wonderland
Sleigh Ride

COZY & WARM

```
S N E T T I M M B E H T Q O X Q M J U
L W H A F C R J K P C A O R A P V E O
E O R X G T E K C A J O Z V O A C H C
N C V E I N A E B A X C I D A A Q O V
N T L J Q S N Q I K Q V N O L I R T E
A T A X U T O J B D X S L P V U Q C M
L T P E H O R T E X K H E H J Y T H H
F H C H H O A U C C V R H Q K D N O Z
X S O N Q B K R E D I P I Y F S T C H
R E W O S R K T E F L X B S F E G O Z
A V V O D I K L L X B D E U D V E L P
B O W D D I X E F W K M R E U O A A N
D T L A M X E N V U Z N N I V L R T E
E S D P R A X E P S A X A Z E G M E A
S D K S T C L C X C C B T C T J U R K
V O W C T K J K E V P S E C A P F X X
E O O Q O R E T R O F M O C Q L F B X
E W O C B S F G C N O I T A L U S N I
Y M L L D H M K S G G I T F I O U T T
```

Anorak	Hibernate	Flannel
Jacket	Hoodie	Socks
Coat	Beanie	Wool
Boots	Heat	Gloves
Cap	Wood Stove	Mittens
Earmuffs	Turtleneck	Fireplace
Comforter	Fleece	Hot Chocolate
Duvet	Insulation	Furnace

DECK THE HALLS

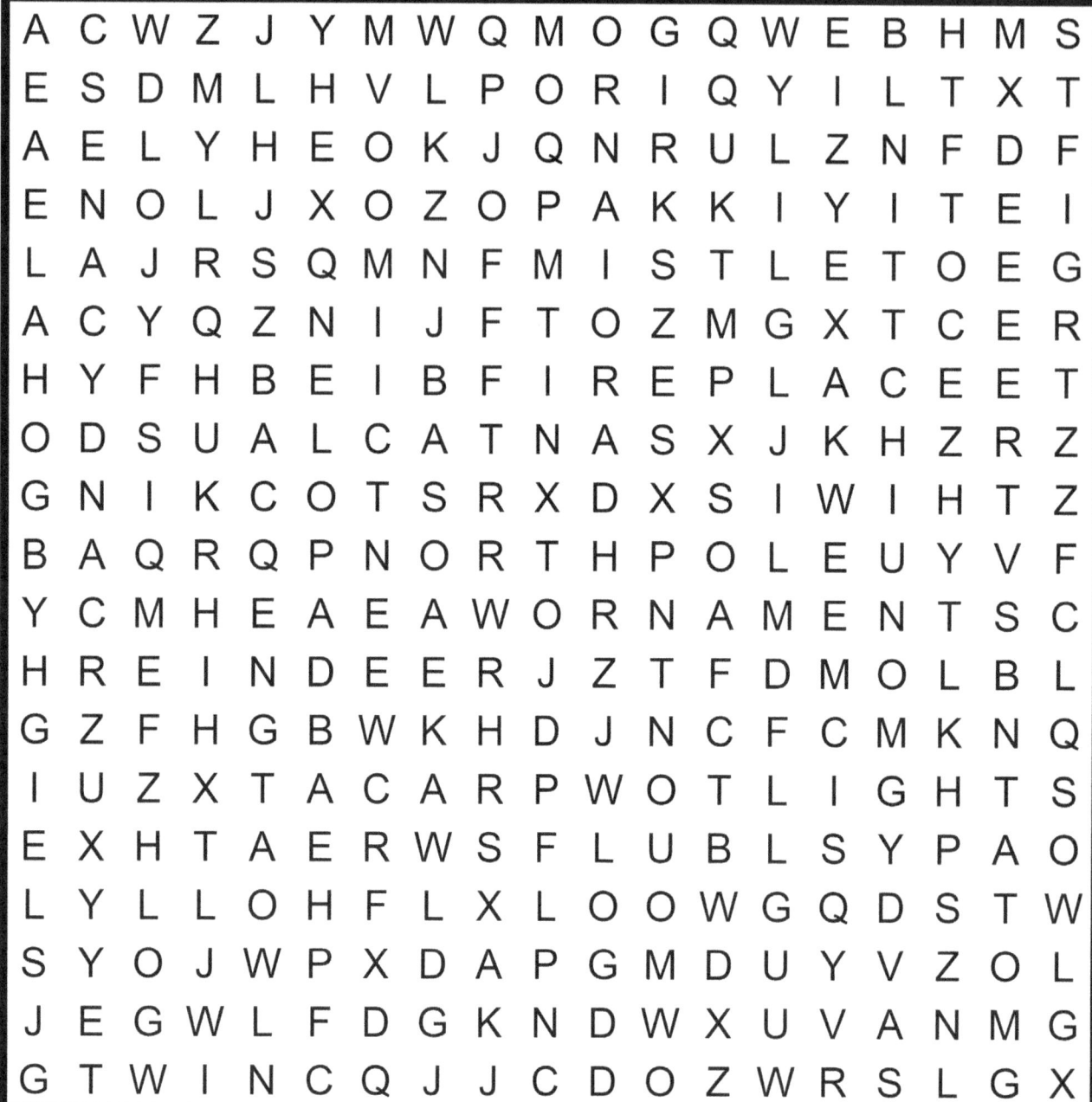

```
A C W Z J Y M W Q M O G Q W E B H M S
E S D M L H V L P O R I Q Y I L T X T
A E L Y H E O K J Q N R U L Z N F D F
E N O L J X O Z O P A K K I Y I T E I
L A J R S Q M N F M I S T L E T O E G
A C Y Q Z N I J F T O Z M G X T C E R
H Y F H B E I B F I R E P L A C E E T
O D S U A L C A T N A S X J K H Z R Z
G N I K C O T S R X D X S I W I H T Z
B A Q R Q P N O R T H P O L E U Y V F
Y C M H E A E A W O R N A M E N T S C
H R E I N D E E R J Z T F D M O L B L
G Z F H G B W H D J N C F C M K N Q
I U Z X T A C A R P W O T L I G H T S
E X H T A E R W S F L U B L S Y P A O
L Y L L O H F L X L O O W G Q D S T W
S Y O J W P X D A P G M D U Y V Z O L
J E G W L F D G K N D W X U V A N M G
G T W I N C Q J J C D O Z W R S L G X
```

Lights	North Pole	Ornaments
Tree	Sleigh	Noel
Trains	Candy Cane	Garland
Wreath	Joy	Santa Claus
Snow	Mistletoe	Rudolph
Winter	Holly	Reindeer
Stocking	Elf	Gifts
	Fireplace	

DOVE

```
Y L X Z I R Y A P T R T P F F Y C I J
Z N L S T C K Z T B S A I N T S B X W
P O R R G Z N I A U D L O N Q F L H N
X I U Y I X Q P L P D O Q H R G O C K
F T I V F I T Y S E J K O O K C L R M
H A A X T I R L M A X C J L T R S E F
Y C H H S I T D O C H E O Y F K R P T
O I W M O Q N Q D E J Z W G J P D Y S
L F I Y F O Z Y S O X R V H J H F G D
I I N H G O C T I N L X W O E M R L I
V R G S R J Z I W E J P N S B Z O A P
E U S C A X A N H A Y R H T W F M B G
B P L A C H J I T R D P I X N M H J R
R Z E W E P U R I T Y E Q E G E E O B
A I S E X S Y T S H K D V P S N A T V
N Q N Y T F R O K B O E F P G U V L Y
C S U G N I D N A T S R E D N U E H Z
H A O N V U H R A G V S Q L Y P N V G
X E C Z E E B W T S E D B Q C R S I L
```

Purity

Peace on Earth

Olive Branch

Purification

Holy Ghost

Baptism

From Heavens

Perch

Counsel

Noah

Flood

Wings

Truth

Trinity

Sevenfold

Gifts of Grace

Wisdom

Understanding

Saints

White

19

LITTLE DRUMMER BOY

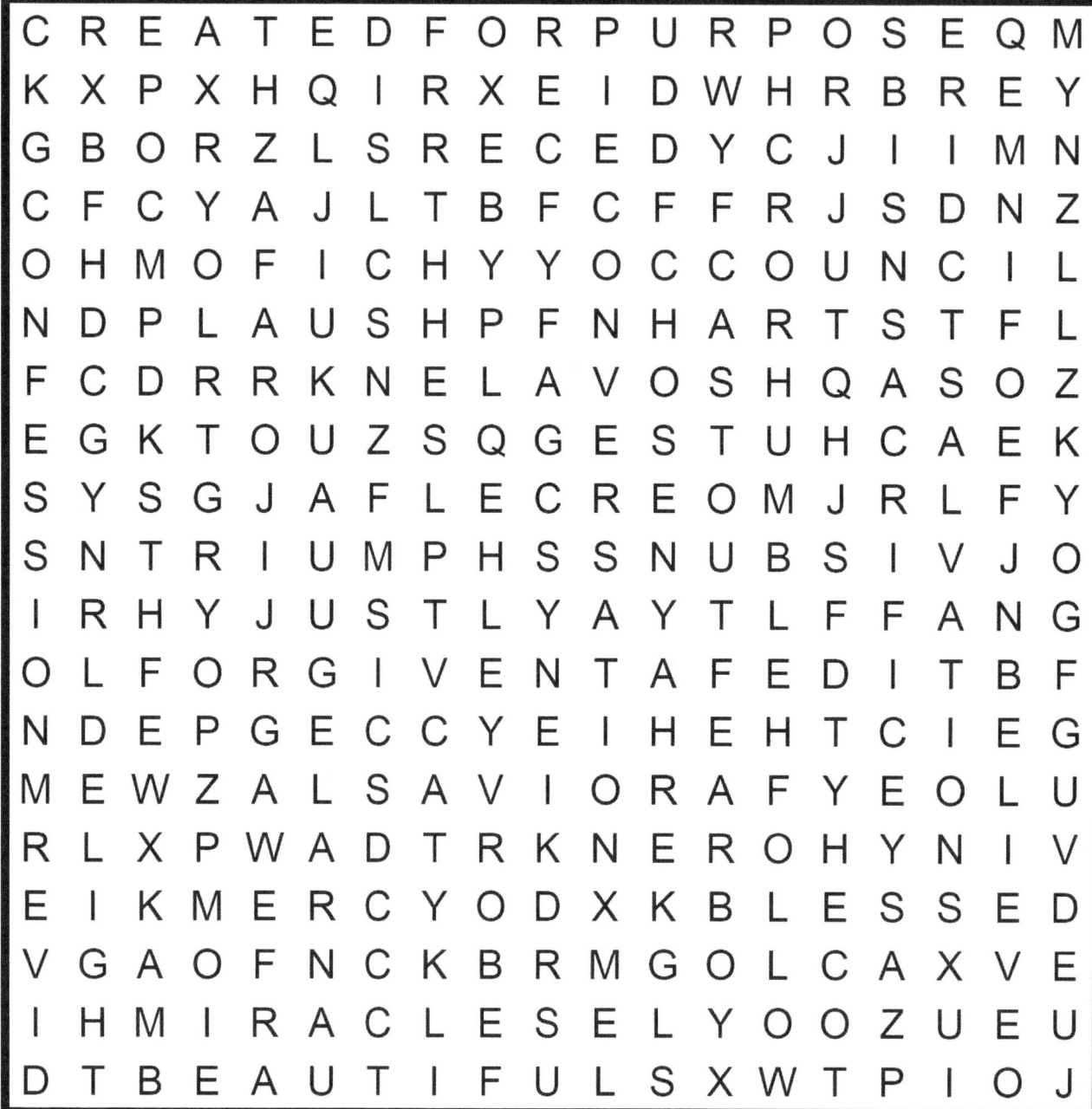

```
C R E A T E D F O R P U R P O S E Q M
K X P X H Q I R X E I D W H R B R E Y
G B O R Z L S R E C E D Y C J I I M N
C F C Y A J L T B F C F F R J S D N Z
O H M O F I C H Y Y O C C O U N C I L
N D P L A U S H P F N H A R T S T F L
F C D R R K N E L A V O S H Q A S O Z
E G K T O U Z S Q G E S T U H C A E K
S Y S G J A F L E C R E O M J R L F Y
S N T R I U M P H S S N U B S I V J O
I R H Y J U S T L Y A Y T L F F A N G
O L F O R G I V E N T A F E D I T B F
N D E P G E C C Y E I H E H T C I E G
M E W Z A L S A V I O R A F Y E O L U
R L X P W A D T R K N E R O H Y N I V
E I K M E R C Y O D X K B L E S S E D
V G A O F N C K B R M G O L C A X V E
I H M I R A C L E S E L Y O O Z U E U
D T B E A U T I F U L S X W T P I O J
```

They told Me
Pa Rum
Pa Pum Pum
Newborn
King to See
Finest Gifts
We Bring
Lay Before

Played my drum
For him
My Best
He Smiled at Me

To honor Him
Little Baby
I am a poor boy
Shall I play
On my drum
Mary nodded
Ox and lamb
Kept time

20

EVANGELIST

```
Y H W J U Y U W K B B W L B Y P A U U
N P Q E M G S X R N D E B C H D O T D
E A U T H O R S A S G B C F Z T S S O
M D X W P T P F M N Q C I T P O N Y S
C E C A Q S T C A F O L L O W E R O S
I E R V O Q C A I M D K K M Y Q L V T
L Q C B P M C D M M I A L C O R P O T
O P R H E N C L W X R L M E D T B P N
T D R O T C E L L O C X A T P S T W O
S K M E K V G D L U K E L L R S D L I
O D J X L D M O V H B P N N H Z O K L
P R U O F G D V O W F S T H B P T G D
A J Y X Y E A I C D H G U X K F C E E
T O N V V D C E S T N K Q J P P P D P G
W H O Z Y R D S U C W E D M B G Q X N
Q N M H Z C G S A K I G W M Q E L Y I
E U R D F W A V Z A Z P H S R N L D W
L X A H J B F F R F I C L O N N X T F
Q R H G E E P S L K I F C E N U K A H
```

Matthew	Bull	Apostolic Men
Mark	Winged Lion	Tax Collector
Luke	Angel	Follower
John	Eagle	Acts
Gospel	Four	Disciple
Synoptic	Harmony	Proclaim
Authors		Good News

FAITH OF OUR FATHERS

```
F O X H F R C H I L D R E N S F A T E
M R E Q D P P E Y B E A A P P B A H E
O C I I A R W R I C G U I L W M M T F
K O J E T O X I N Q W T R Q D J U I S
U N C K N V E F L H E A R T S B E A T
N S D I O D E Y F L D K L I E Y J F R
B C B J Z U H C R N L X J L Q B O Y I
H I G H W I T H J O Y O U L P Y Y L F
G E L X P X R N E Q Z W V D C J K O E
Z N G D V K O I B K A I D E N I A H C
H C H Z M F F N J G M U N A G H B Q H
Y E C N L S E Q S P T L Q T T B I H N
W F A L O P I C F V C J S H H A M Z L
D R E L Q E D V I R T U O U S L I F E
J E R D H J G L O R I O U S W O R D X
L E P W M Z R N U M A B N P J U L K B
Q C T J M X B H U N B E D W D S O M N
K I N D L Y W O R D S G U X T G V P W
L L I T S G N I V I L Z R K A Q V D W
```

Living Still	Friend	Holy Faith
Spite	Strife	Be True
Dungeon	Preach	Chained
Fire	Kindly words	Conscience Free
Hearts beat	Virtuous Life	Children's Fate
High with Joy	Till death	Die for Thee
Sound	Glorious Word	Will Love

FEASTING

```
C H R I S T M A S H A M M J A I T F R
R B H O T C O C O A U C L Z T O R K Y
I P E B Q C R A N B E R R Y S A U C E
C H O C O L A T E F U D G E X R V A K
S N P P E Q N C G K J B W V Q A Q N R
G S U Y K B G I V E D P A Q G X A D U
W E M Q A V E H X T I C L Y X C R Y T
C O P O C R S T U F F I N G F Y T C T
G T K X T L I G N E Y N U H T Q T A S
I A I V I D O B P W R N T H E A Y N A
N T N W U V R R E B U A S M P H N E O
G O P E R F P W C Z L M K B S U S S R
E P I G F T Q D J F V O R E G G N O G
R D E I N C E X N Q M N S P M S C H U
B E S O T I M K W P T R I F L E X O S
R H L M N D D X X S H O R T B R E A D
E S B H U J A D R A L L J W Q S I K Y
A A A N A S U E U J B L S E I K O O C
D M H O A G K D W P P S X F I P H O K
```

Candy Canes
Chocolate Fudge
Cookies
Cranberry Sauce
Eggnog
Fish
Fruitcake
Gingerbread

Stuffing
Cinnamon Rolls
Pudding
Oranges

Christmas Ham
Hot Cocoa
Mashed Potatoes
Walnuts
Pumpkin Pie
Trifle
Shortbread
Roast Turkey

FESTIVE GREENERY

```
P O I N S E T T I A P H T W H Z A O W
L T F W M B H P M P H T A E R W L U S
O E Y L V I M I E X P P F O K E U F N
P E Y G A K S V N P E N H Z R N Z V U
S R C U K T O F J D M Y T A A I R P S
C T F U L R P O I T N T P T D P L Y S
E T J E O M G K B I I P I S E E R L E
N S T N E M C K F V O H G C C T I L R
T O E P P P Q P Q M E H A O D I F O P
E N F H E R J K E C N C R T E H S H Y
R Y A R C J H G H N E B L C R W A N C
P J M Y D N R U B V E Q A H R T L A A
I L O N I A A E N A D E N P E K G C N
E K W P N V I R H E L M D I T O U I O
C B W A F E J I B A E S S N S M O R Z
E W T R G Z P L Y W S U A E A D D E I
S E N O C E N I P D I O E M E N L M R
S P L E Y L A N D C Y P R E S S F A A
E C U R P S E U L B D Y U L E L O G L
```

Arizona Cypress	Branches	Wreath
Balsam	Yule log	Garlands
Blue Spruce	Poinsettia	Tree
Douglas Fir	Pomegranates	Mistletoe
Easter Red Cedar	Scotch Pine	Pinecones
White Pine	American Holly	Needles
Leyland Cypress		Centerpiece

FIREPLACE

```
Q W V D R Q E Y F M J M I L P K X V G
T X O D M D M B A M X W G U M J S S N
A O X U B M R J B U J U Q O R I S L I
W M U Q S E G S E D H U P E Y M E T L
S Z W C L C L J S I B G A U T S N A K
M A G U E F K L M J N C T A E H I J C
F R Y Z M M L W O C Y W Y Q S H P M A
Z H E U V W I H D W B F N L Z H P A R
M Q W L K K T A U V S R M O V Y A M C
I L N K A E M O H O T A I F O Y H B G
M Y O I T X X Y P R N S X C A A Z E W
Y Q G Q J S I G E T U Y G G K M U O S
I W O A O S N N L W U R E K O P I G C
F M K Q Y I M E G V Z S L Y G V G L O
I E O Q R L E H A P M M B Z Y L S O Y
F G A A J O I Z K S N H V U C F X W U
Y Z O S K G G V M F W Q F L A M E S E
L R T S T K L X R H T M R A W T J W A
S V B E W K H F H W K C P U F P H I Q
```

Flames
Mantle
Poker
Bellows
Brick
Warmth
Heat

Roaring
Glow
Cozy
Home
Crackling
Joy

Happiness
Family
Feast
Wood
Log
Yule
Relaxing

FUN TRADITIONS

```
S G B S F I B M H L A W F P B A Q R Z
E G Z M F B O F E S E P I C E R S Z T
N N N H M V R V W W N T H J T S L N B
E I K E I L E T T E R S T O S A N T A
C K C E M T S V S Z B M Z L Z P K O N
S A S N G I F T G I V I N G S K A H S
Y M Z C S E T L O A H L V E O S R E M
T H J E U E G Y V C S N I Z W T I L G
I T C R O R N J L G K R Z L O K J N D
V A P D M T Y A N I O I P M O Y I S H
I E I V V I F I C M M B N O B P L H S
T R S C N O L X E Y G A C G P W E O C
A W L D Y O M M B T D G F A S Y I P W
N P X I R D E Q E C N N R Z W I H P R
M A C A G A W D C I F W A V K A X I A
C B C B L H C S K O O U I C G G Y N W
L I E T O Y T A O A G L T V P E X G J
K Z Y E X I B S K I E T A R O C E D Y
A D V E N T C A L E N D A R R Y T B C
```

Nativity Scenes
Candy Canes
Stockings
Advent Calendar
Tree
Baking Cookies
Cards
Family Time

Wrapping
Recipes
Lights
Wreath Making

Gift Giving
Decorate
Memories
Movies
Shopping
Caroling
Letters To Santa
Eve

GEMSTONES IN THE BIBLE

```
S W S V E Z C U Z O D L G S R M U I O
W E C U E W F J V B E F R V F F B G L
C F Y H R X R K Z I N Z O A M R P K G
E E D Q O U U A Q V L G E M E R A L D
I P N S F D G X G C Q H J A S P E R R
U S O N K T C I P A M F R Y T T B M N
O K M D X Q H H L J T Z P H I S M A S
L J A V P S Z Z O A Q E P C N L I J Z
Z Z I U C S V M T D R Q R I K L L Z U
O P D A B R N G S T S Y H T E M A N E
C H R Y S O L I T E S O H N L P N K R
F B T Z X G U Y Y T C M R M O L I P I
U H T N I C A J A B A A J T C Y Z C H
X F G D A G T L L T C R T W D R A O P
R E I U J O D A C O V Z U Q J E Q R P
E Z O J C F L A A I Y X W B T B O A A
K J T R E L C N U B R A C B Y M N L S
P K U J R L T L M W G A P T T Z Y L K
D Y N O D E C L A H C Q W K F M X H D
```

Agate

Amethyst

Beryl

Carbuncle

Carnelian

Chalcedony

Chodchod

Ligurus

Onyx

Pearl

Ruby

Sapphire

Topaz

Chrysolite

Coral

Crystal

Diamond

Emerald

Jacinth

Jasper

GINGERBREAD HOUSE

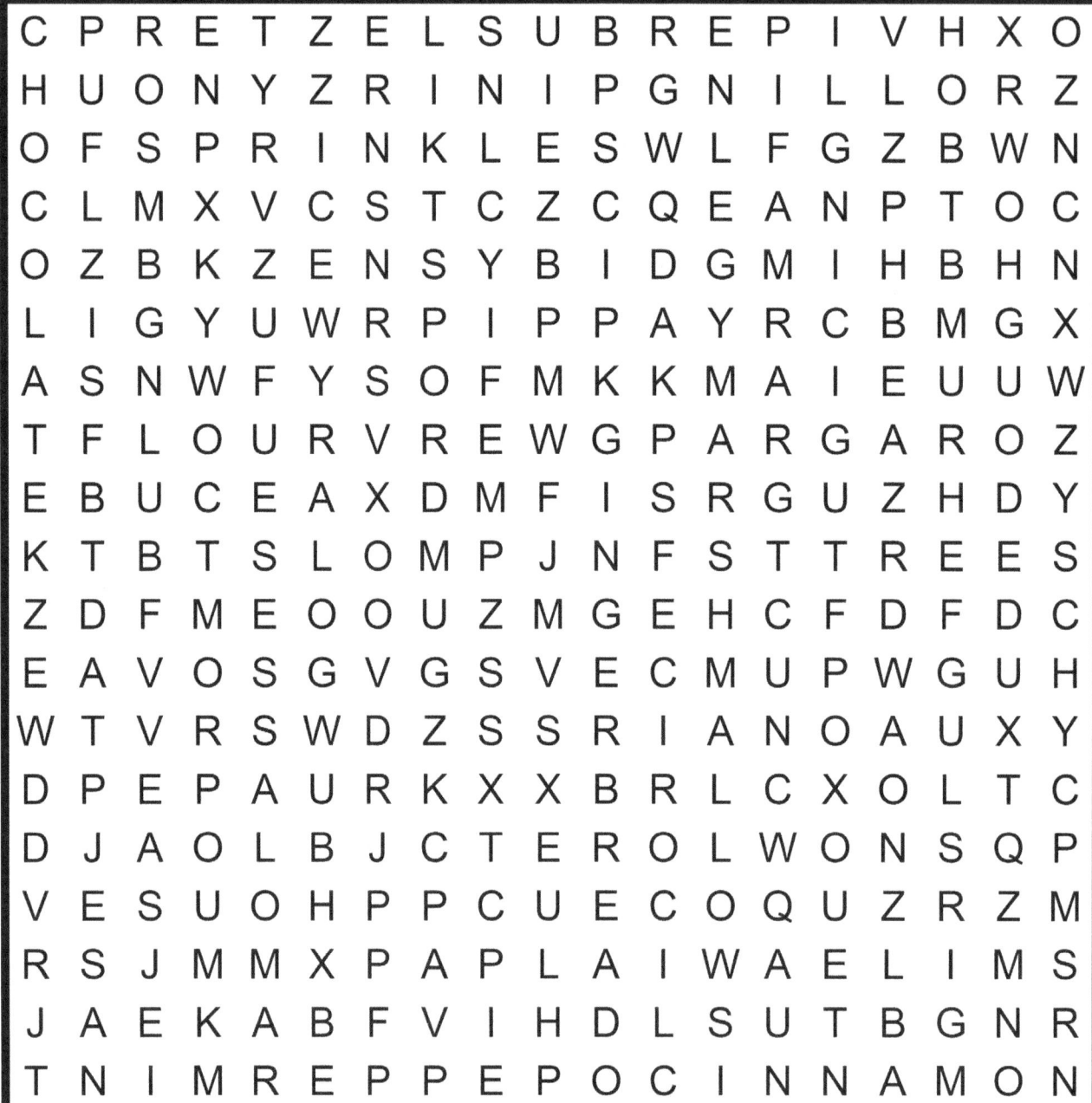

```
C P R E T Z E L S U B R E P I V H X O
H U O N Y Z R I N I P G N I L L O R Z
O F S P R I N K L E S W L F G Z B W N
C L M X V C S T C Z C Q E A N P T O C
O Z B K Z E N S Y B I D G M I H B H N
L I G Y U W R P I P P A Y R C B M G X
A S N W F Y S O F M K K M A I E U U W
T F L O U R V R E W G P A R G A R O Z
E B U C E A X D M F I S R G U Z H D Y
K T B T S L O M P J N F S T T R E E S
Z D F M E O O U Z M G E H C F D F D C
E A V O S G V S V E C M U P W G U H
W T V R S W D Z S S R I A N O A U X Y
D P E P A U R K X X B R L C X O L T C
D J A O L B J C T E R O L W O N S Q P
V E S U O H P P C U E C O Q U Z R Z M
R S J M M X P A P L A I W A E L I M S
J A E K A B F V I H D L S U T B G N R
T N I M R E P P E P O C I N N A M O N
```

Gingerbread	Logs	Peppermint
Icing	Trees	Pretzels
Gumdrops	Snow	Wafters
Face	Dough	Sprinkles
Smile	Eggs	Licorice
Arm	Flour	Marshmallows
Leg	Molasses	Ribbon
House	Cinnamon	Chocolate
	Rolling Pin	
	Bake	

GOD'S PLAN

```
S D H K T S Z Y C A G E L X D E B V G
V E Z K H H Q M S A X K G M N V C F W
S T E S T I N G F Z U S M A I O O O H
P A T I E N C E U U T E D C S L N R L
U E E R U D N E A U D I G C Z P S G I
C R K U P D W K A S E T I E B I T I T
P C Z R T I U D X N S L V P V U A V M
P R A Y E R H J R H S U I T B Y N E Q
S J V D O W E S C T S C N E Z Z T N S
C S D C M I O W R U L I G D Y C C E T
D C E E X G L P Z O O F B W I O N S E
O C R N Y B L H I B W F X B U T I S M
Z C T L D A U H S H Y I M R O C P I P
Y L Q Z P N V B I R Q D A E W X N A T
R E Q S H N I G T O L G E Z U K H Z A
R E D N O W H K L P E R N Y E N H C T
C K L D B E U B Y C Q H U Z C V E N I
K N I A S L K X N Q R Y H Y E H Y M O
Q W S T V O Z K E C N D T V M Z R A N
```

Accepted
Love
Courage
Difficulties
Prayer
Created
Legacy

Endure
Testing
Temptation
Patience
Worship
Wonder

Kindness
Mercy
Forgiveness
Constant
Giving
Power
Highest

HARK! THE HERALD ANGELS SING

```
I N T E R A C T I O N S Q H W H Y R J
V E D H X N Z I R J E D I K K P L F N
B S N D O B T D A Y K C L J E S S Z X
I P C L K L C U D H N B G O N M R J D
R I K E J C Y R I C O U E F U O E E M
T R Y G F C A E A H I Q T I Z C G X I
H I K N P J R Y T E T G G L N N N S H
C T J A U A F U I R A Q Y U I G E E P
M U B H R R E N N U I O U W S S S U A
P A H C N R I R G B C T G U P D S T R
T L H R F T K A M I N C U Z E P E R E
V Y H A L O X P W M U E A U A R M I S
L T Z G L M V H I S N L R Z K O S V X
A U D I P P U A X X N E D S S C E J B
E U G A B R I E L B A S I I M L S W A
H O R P T I T L N O I T A V L A S L U
C Z H I U O K A S M X I N E O I A A S
I Q P Q E V R Z H G V A I K L M Z W I
M K N G X L L D G L T L X H N C G K A
```

Archangel	Beings	Birth
Micheal	Seraphim	Annunciation
Gabriel	Radiating	Proclaim
Raphael	Halo	Speaks
Uriel	Celestial	Messengers
Winged	Hierarchy	Guardian
Spiritual	Cherubim	Salvation
Interactions	Virtues	Holy

HOLIDAY CLOTHING

```
X B A R H S W E A T S H I R T F R S C
V H N O O R E T A E W S Y L G U S A O
W E B D Y T K S H Q F G F Z I E C N D
O I N O I G I N Q B R N B T R F A T S
M O R Q O E G S I L A P I D P I R A E
M E U Z U T H D Z T C C E Q R L D H H
B H A L I O S R Y H S V C S U R I A T
T S E V O P Y D S O I H G O G E G T O
N S T D V D U F Y T J S I M G C A D L
I L I Z A A E I S E N O I R W S N C C
J E T P U K C E N E L T R U T T M E L
R U W M F A F I Q L T C Z Q T I H P A
O M V K F T G D Q E T Q D T O I Z L M
T A X V I N T Z N F E E U F W K E C R
J F T U P P Q S Z Q K R A K T I N O O
X U S F L A N N E L C M L O T C J A F
B L Q L G B M M G W A D V L J P D T C
D T G O X P U X A X J B C N H E K L T
M A T C H I N G P A J A M A S Q R V I
```

Santa Hat		Flannel
Ugly Sweater	Vest	Knit Shirt
Matching Pajamas	Cardigan	Turtleneck
Onesie	Sweatshirt	Coat
Festive Dress	Hoodie	Scarf
Formal Clothes	Jacket	Mittens
Suit		Boots

HOLLY JOLLY PLANTS

```
S Y H X W S Y T E O T E L T S I M Q I
P O M E G R A N A T E S K Y X G O A O
I O V V R X G K F S R X O U K Z I M S
B Q P O M R L C V P N Z D L B T H A U
C Z A P Z K J A A X S Q R E T J T S T
O N K M Y D R T I A C S R E Z E A L C
X Q B Z U P N T D U M R S N Q L E A A
J O U R E M P A D H I N K Z P L R B C
P H O E L C P I N E I E Y S V T W N P
F S G V X J R L S O U H V X N Q C Y B
E B O E E O J U P K O A I W T M S B P
J H L R E A G Y C M G H W L Q J O K
U Q I G D C D I E U P E V B D A L Q R
S J V R N H U F L U A M B R D M J B U
S N E E W P T R T T H M J G A H W R P
E S M E M C M G P O Q F M Y F P W G P
P I O N I K J G L S D K B E J B X W H
X N B M S P S L F N Z G R Z X N G Y Y
D H F Y G C Y U M C V N J K H J D O O
```

Holly	Moss	Cattail
Mistletoe	Fern	Wheat
Poinsettia	Balsam	Olive
Wreath	Yule	Cactus
Ivy	Poppy	Rose
Pine	Evergreen	Spruce
Pomegranates		Berries

HOLY GARB

```
Z R G F E I J P C E H C U T H Z K T U
I C X P V U A O J R M W R E F B M E T
F C O S I M R T R U E M D S P L C O O
L P G I E H K O J X I C G P M R C H T
B V U H W C O L H B D H A B I T F I Q
C G O I O E U C K C O S S A C R J E P
A K N O M O K L Y I I B M S E I R P
R N M H K O D G A I M T U L T L M A T
D R X A O Z R S I R O H S B J M H R B
I O S T E K M D C I I S I A M V N C X
N N O Y X Z K J E M T R G I N N L H J
A F D C H W K N A R R E B O R O K Y R
L Y S T W S N Z F O S T D I T Q M G E
S J Y N W O C B D X G S S H S U Y L I
E F Q O C S R N A A Y I I M D H T K A
O W V A G I U K Q P F N I W I N O R D
T N E P C L E R G Y G I D K A A D P U
F D Q B I X Q O Y N G M M M C T T J S
F S W Q D E H S I U G N I T S I D A P
```

Ministers	Habit	Hierarchy
Bishops	Hood	Cardinals
Priest	Mantle	Pope
Deacon	Vows	Rank
Distinguished	Clergy	Cassock
Clothing	Orders	Monk
Secular		Monastic

IDEAL MONASTERY

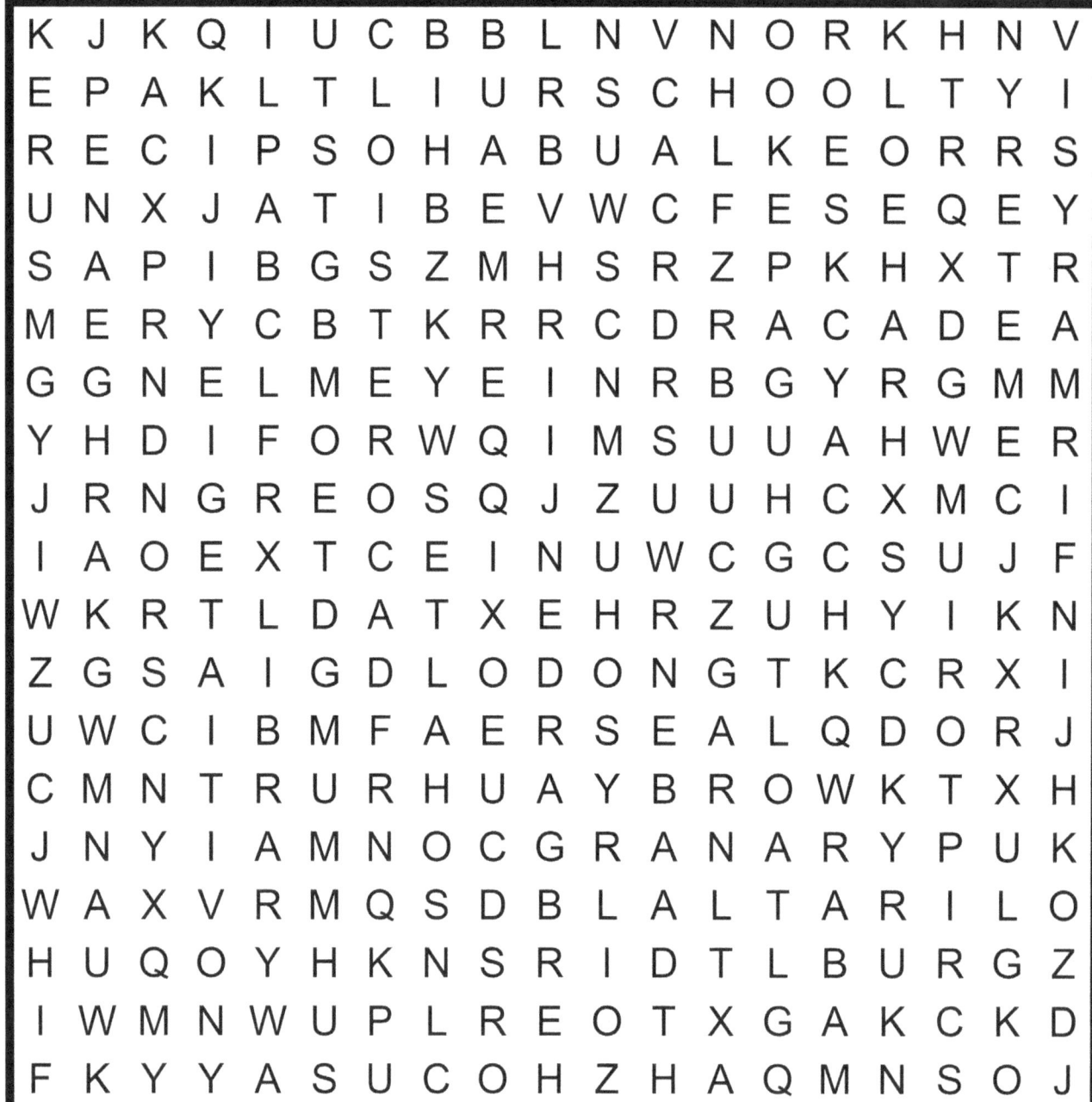

```
K J K Q I U C B B L N V N O R K H N V
E P A K L T L I U R S C H O O L T Y I
R E C I P S O H A B U A L K E O R R S
U N X J A T I B E V W C F E S E Q E Y
S A P I B G S Z M H S R Z P K H X T R
M E R Y C B T K R R C D R A C A D E A
G G N E L M E Y E I N R B G Y R G M M
Y H D I F O R W Q I M S U U A H W E R
J R N G R E O S Q J Z U U H C X M C I
I A O E X T C E I N U W C G C S U J F
W K R T L D A T X E H R Z U H Y I K N
Z G S A I G D L O D O N G T K C R X I
U W C I B M F A E R S E A L Q D O R J
C M N T R U H U A Y B R O W K T X H
J N Y I A M N O C G R A N A R Y P U K
W A X V R M Q S D B L A L T A R I L O
H U Q O Y H K N S R I D T L B U R G Z
I W M N W U P L R E O T X G A K C K D
F K Y Y A S U C O H Z H A Q M N S O J
```

Church
Library
Altar
Infirmary
Herb Garden
Cemetery

Bakery
Novitiate
Latrines
Scriptorium
Towers
School
Hospice
Refectory

Orchard
Granary
Barn
Dormitory
Baths
Cloister

ILLUMINATED MANUSCRIPTS

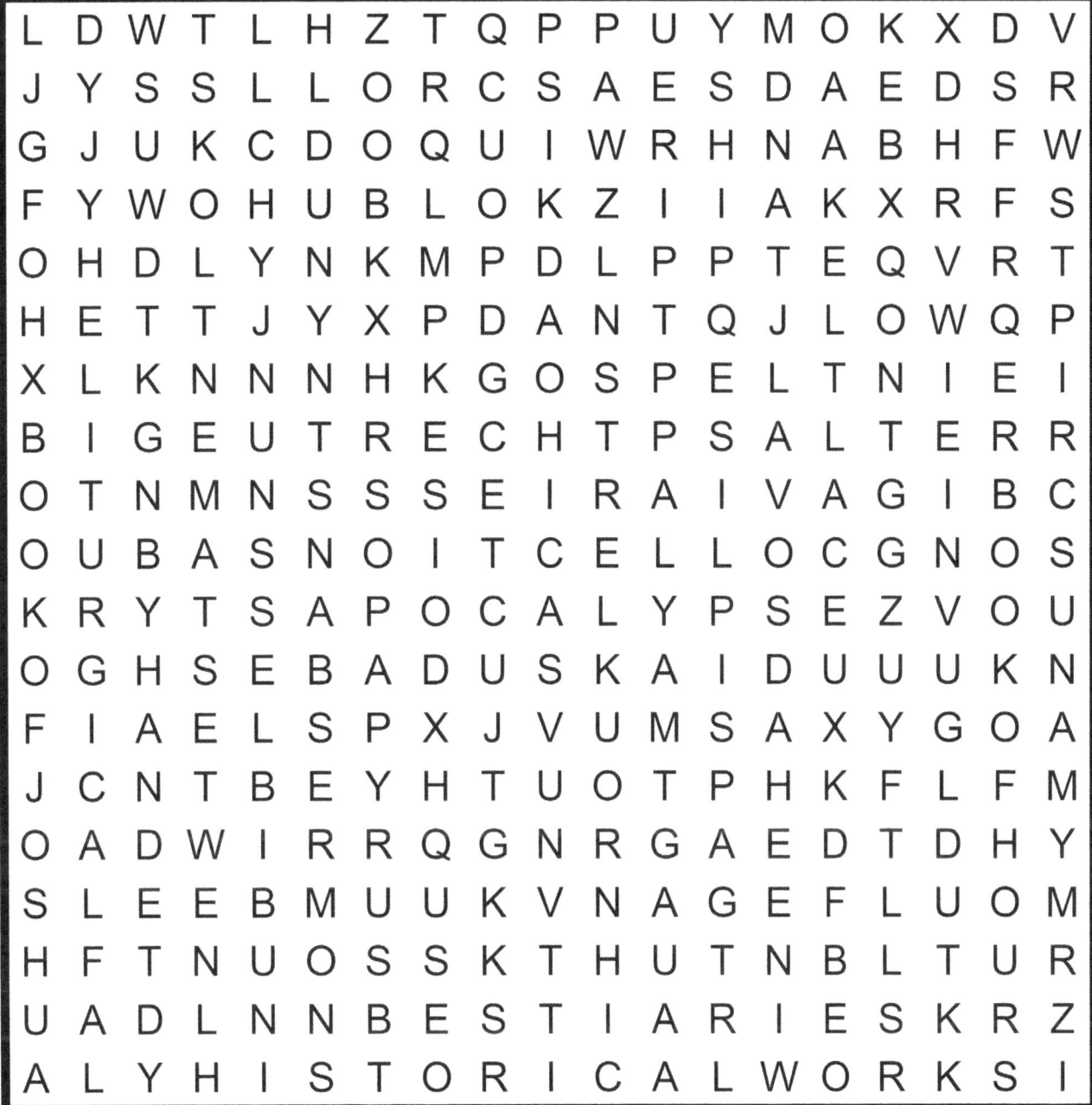

```
L D W T L H Z T Q P P U Y M O K X D V
J Y S S L L O R C S A E S D A E D S R
G J U K C D O Q U I W R H N A B H F W
F Y W O H U B L O K Z I I A K X R F S
O H D L Y N K M P D L P P T E Q V R T
H E T T J Y X P D A N T Q J L O W Q P
X L K N N H K G O S P E L T N I E I
B I G E U T R E C H T P S A L T E R R
O T N M N S S S E I R A I V A G I B C
O U B A S N O I T C E L L O C G N O S
K R Y T S A P O C A L Y P S E Z V O U
O G H S E B A D U S K A I D U U U K N
F I A E L S P X J V U M S A X Y G O A
J C N T B E Y H T U O T P H K F L F M
O A D W I R R Q G N R G A E D T D H Y
S L E E B M U U K V N A G E F L U O M
H F T N U O S S K T H U T N B L T U R
U A D L N N B E S T I A R I E S K R Z
A L Y H I S T O R I C A L W O R K S I
```

Codex
Dead Sea Scrolls
Utrecht Psalter
Papyrus
Gospel
Bibles
Book of Joshua

Apocalypse
Beatus
Song Collections
Sermons
New Testament
Historical Works

Manuscripts
Monks
Liturgical
Book of Hours
Bestiaries
Aviaries
By Hand

JOY TO THE WORLD

```
S R Z O Q U W J W T A B Y R W M S U T
A K Z S G O T V X R W V M A E W R I S
V E E R L R Q R T O R K H S O O E F S
I R M F U K L H N Q A V Z R Q F P H E
O A P I I L O D D N U O R G J G E G N
R P L X D R E R K W G O D J L I A N S
R E O D N R C S U B S Q H O Z N T I U
E R Y S S V L C T D R N A T I O N S O
I P M C Q L K T N H N J R O C V R E E
G E O L T S Z A V M E O B S A Z Y R T
N Q B I D J S N B I M E M V D B A U H
S W L L Z N O T E X T Q A O H R H T G
F N E O I S W S J A E V Q R R U K A I
A I S S D K H I M R O O M T T E F N R
F J S K S O U N D I N G J O Y H L J T
D P I E V E R Y H E A R T R A E O M K
V U N R X E S A D U U Z I Q O T O Y T
A W G C B C Z O K W O F N N U M D C R
I Q S O F T H I S L O V E M E I S F U
```

Every Heart	Flow	Repeat
Prepare	Rules the Earth	Sounding Joy
Him Room	Nations	No More
Nature Sing	Righteousness	Sins and Sorrows
Savior Reigns	Wonders	Thorns
Employ	Of this Love	Ground
Fields	Floods	Blessings

LAMB OF GOD

```
N E V E R F L O W I N G I S D D S N Y
L H X S L Z L A I S B J M K G R X Y A
J O S V P A S T U R E A P R G I V H T
S E B A S Z Q J W S L F S L G V L X N
Q L Z M V C K F E L C H A T N E T K O
Y W S T Y Z R G H E R Y B R I R D E I
K T X H L S A I Y A Z J J A H S J T T
A F I V O S L E P N Y B G N S O E I A
B Q U V S L F C T T V B U A E F W F N
R M O A I T Y P U Y U J R I R P C E R
G I P N Y T L L I R G R X T F A Z M A
S R N Y I B A V A A M K E S E R E Q C
H A X V G F I N N M D U M I R A X R N
E C T R N B D Q I C B T A R U D Q N I
P L C P O F I J M U G Q B H H I F E M
H E F J L I N E B U O X K C A S X K D
E S Y W F W V S U T C G G N R E R O Z
R M I S U N G A S P O J G G H N M P B
D M I S S I O N S O Y R V U S J B P W
```

Shepherd		Christian Art
Incarnation	Refreshing	Symbol
Scripture	Pasture	Holy Lamb
Passages	Mission	Nimbus
Nativity	Agnus	Small Hill
Savior		Ever Flowing
Miracles		Rivers of Paradise

LET EARTH RECEIVE HER KING

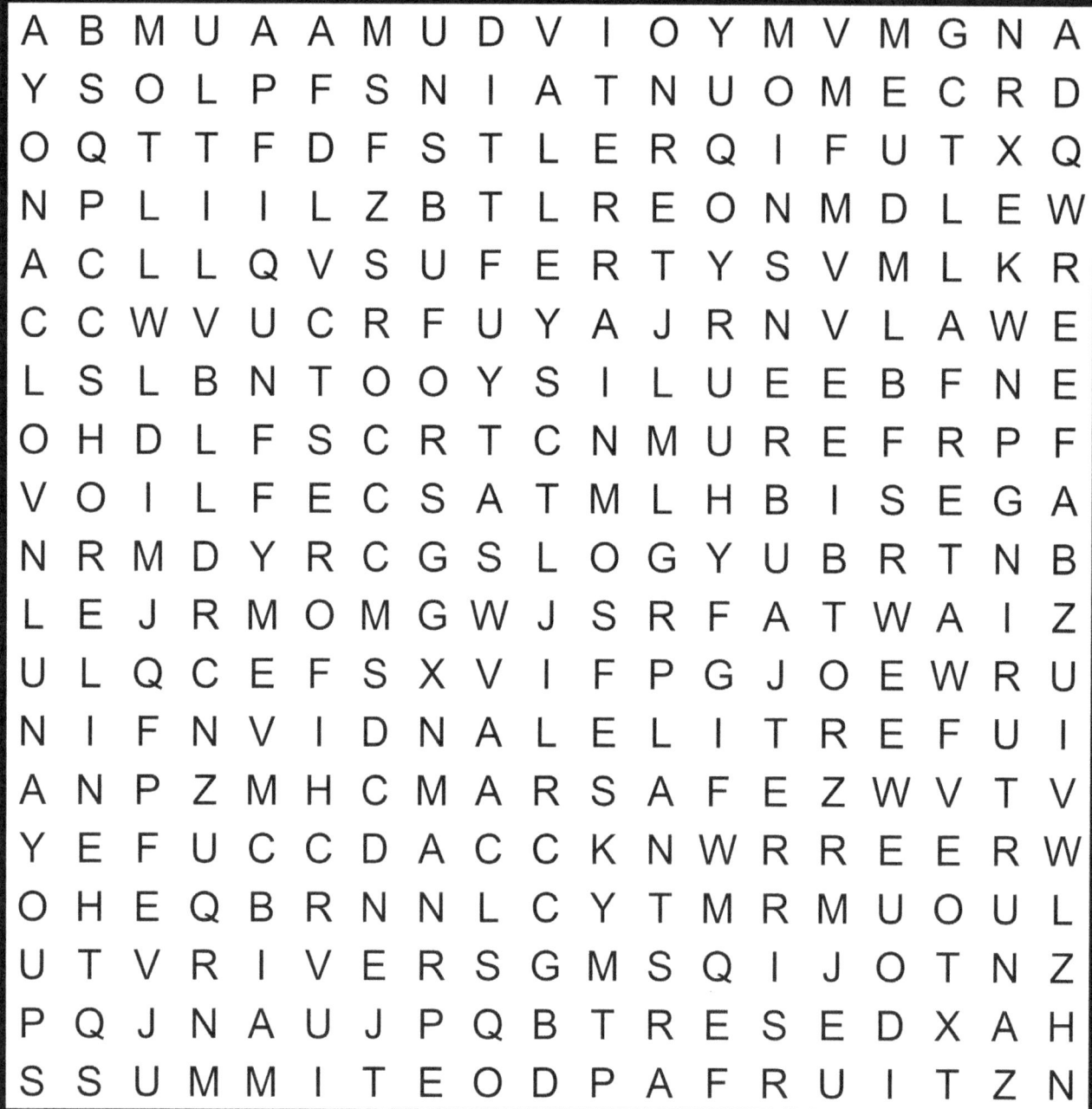

```
A B M U A A M U D V I O Y M V M G N A
Y S O L P F S N I A T N U O M E C R D
O Q T T F D F S T L E R Q I F U T X Q
N P L I I L Z B T L R E O N M D L E W
A C L L Q V S U F E R T Y S V M L K R
C C W V U C R F U Y A J R N V L A W E
L S L B N T O O Y S I L U E E B F N E
O H D L F S C R T C N M U R E F R P F
V O I L F E C S A T M L H B I S E G A
N R M D Y R C G S L O G Y U B R T N B
L E J R M O M G W J S R F A T W A I Z
U L Q C E F S X V I F P G J O E W R U
N I F N V I D N A L E L I T R E F U I
A N P Z M H C M A R S A F E Z W V T V
Y E F U C C D A C C K N W R R E E R W
O H E Q B R N N L C Y T M R M U O U L
U T V R I V E R S G M S Q I J O T N Z
P Q J N A U J P Q B T R E S E D X A H
S S U M M I T E O D P A F R U I T Z N
```

Mountains
Rivers
Trees
Plants
Fruit
Fertile Land
Grotto

Corals
Forest
Waterfall
Summit
Glacier
Desert

Nurturing
Nature
Terrain
Valleys
Shoreline
Volcano
Cliff

LIFE OF CHRIST

```
S T I Z V C W K I D L S H E O P N Q L
U P M C X Q L X T V I E A E N F I D Q
R Y W N P R N E R Z R L X T O J C Q E
A G I Q X A Q M A E E C P A I J J A D
Z E N O M R E S N N U A L S T Y W N Z
A O A J M P Q S S L S R R M A A R D K
L T T E S H X L F A U I P V T D E E R
G T I R I B C B I M G M N O P N P N E
N H R U T P E E G E K T P G M U P I S
I G A S P E V T U N P A R O E S U A U
S I M A A G Y H R T Y A O G T M S L R
I L A L B E V U A A W W S R O L T O R
A F S E Z F B E T T Y U I S A A S F E
R W D M T S L G I I H A V X I P A P C
N N O C P P B E O O Y W L H K O L E T
G A O L M X E Z N N M R X H G M N T I
L B G E L F L A G E L L A T I O N E O
S R T T P O C R U C I F I X I O N R N
Y T I G A M F O N O I T A R O D A Y W
```

Adoration of Magi

Flight to Egypt

Baptism

Miracles

Transfiguration

Raising Lazarus

Palm Sunday

Temple

Jerusalem

Passion

Good Samaritan

Sermon

Cleansing

Last Supper

Follow

Betrayal

Denial of Peter

Flagellation

Crucifixion

Lamentation

Resurrection

Temptation

MADONNA

```
L S U Y L C H L D W D L K V O O H N R
I U K P B M O T H E R O F G O D K G T
A S B Q B C L B R D L I H C H T I W E
H E D Y D E Q O J I W E T V T M W O Z
U J D I I S O C N Z B U S R E G N A M
R T E R V L D O L O Y N H M Z R J J Y
X N B K E I R B E T I R I P S Y L O H
N A E B N N U M X H T B G Z W V M W
G F Z T O B V E A Y J Y A B R J E V C
H N C J D O H K D W E Q D N K I L J A
R I B N I K D K E Z U L R A O M V N Q
G N I S R U N N R L Q Q P M L R N E X
B M M X H K T U T G A E Q M K R O U L
E Q C C X H Z R O S C D S I E K U C M
S R W Y R P Q A N N U N C I A T I O N
K R C O N C E P T I O N Q D Z D J C C
D P N I M M A C U L A T E N Q T J T K
V E B G Q U E E N O F H E A V E N H A
D J F B R E P K H G G A J R D N Q G N
```

Mother of God
With Child
Virgin Birth
Annunciation
Divine
Coronation
Our Lady

Manger
Queen of Heaven
Holy Spirit
Temple
Immaculate
Conception

Notre Dame
Gabriel
Enthroned
Nursing
Infant Jesus
Dove
Hail

MEN IN THE BIBLE

```
R D J S Y B N M N T O E X K J W L W J
T G C T I N I E X D L F K D L R R A Y
B F P E O M F G P B V G E Z E E S S Q
L L D A J L O S S U I L E N R O C O L
H E P E D Z E N U D X X G B N H I R U
A B I C T A R T I R I X U R W F K H C
C A K N T S W V N B A M R B E T S T I
I B L Y A E A X G N P Z E Z R A B E U
M R D G H D V U M H J Q A U D L U J S
D Q D T W A M A V Z T P E L N L Y U A
R U T F G O R M V N U F D Y A J B E W
D A H W B I J H N Q A Y E X X I V Y X
M Z A C H A R I A H T H O M A S I H J
H W L E B I C M Q R M I T A I S K L I
R G J P K J M L E E D T F A A U H E S
E K B N M X C B Y U Z O J A N A P P R
H J B F E T J R K B S X C O T R N R D
S J H D B X L Q P E Q C Q R W J R B E
A C D U E W Z Q U N S X Z N P I K O X
```

Abel		Hiram
Andrew	Micah	Isaac
Asher	Nathan	Jason
Cornelius	Reuben	Jethro
Daniel	Simon	Lazarus
David	Thomas	Lucius
Ezra	Zachariah	Matthew

GOD REST YE MERRY GENTLEMEN

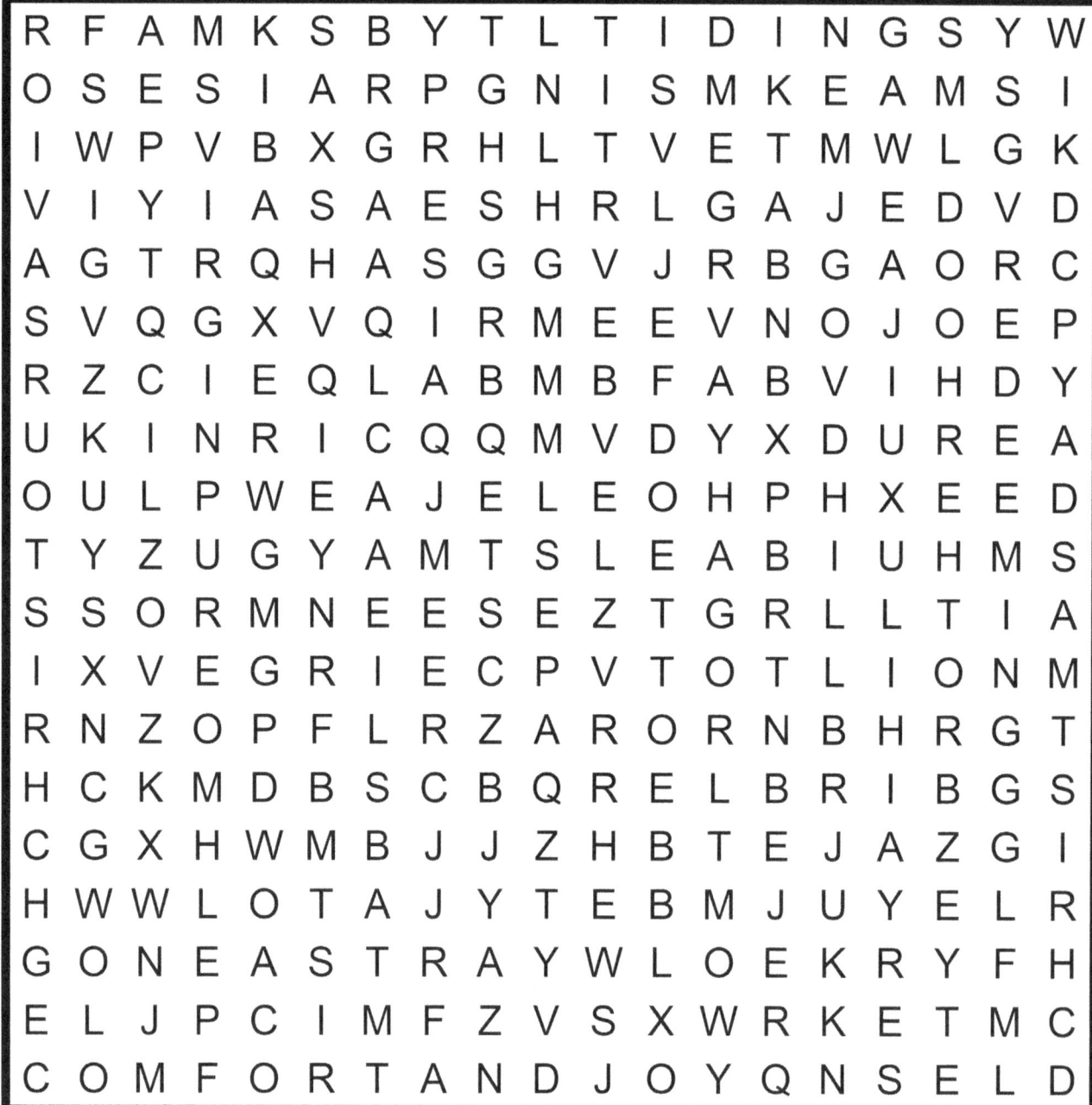

```
R F A M K S B Y T L T I D I N G S Y W
O S E S I A R P G N I S M K E A M S I
I W P V B X G R H L T V E T M W L G K
V I Y I A S A E S H R L G A J E D V D
A G T R Q H A S G G V J R B G A O R C
S V Q G X V Q I R M E E V N O J O E P
R Z C I E Q L A B M B F A B V I H D Y
U K I N R I C Q Q M V D Y X D U R E A
O U L P W E A J E L E O H P H X E E D
T Y Z U G Y A M T S L E A B I U H M S
S S O R M N E E S E Z T G R L L T I A
I X V E G R I E C P V T O T L I O N M
R N Z O P F L R Z A R O R N B H R G T
H C K M D B S C B Q R E L B R I B G S
C G X H W M B J J Z H B T E J A Z G I
H W W L O T A J Y T E B M J U Y E L R
G O N E A S T R A Y W L O E K R Y F H
E L J P C I M F Z V S X W R K E T M C
C O M F O R T A N D J O Y Q N S E L D
```

Remember
Christ our Savior
Born
Christmas Day
Gone Astray
Comfort and Joy

True Love
Brotherhood
Embrace
Redeeming
Grace
Virgin Pure
Light
Bring

Tidings
Heavenly
Father
Blessed Angels
Fear Not
Sing Praises

MIGHTY LION

```
F D D Z M H K S D S T R E N G T H J F
X K E J T D U S O V Y M G X X S T X Y
O J G K P E Q E V P B G A L I T D W P
T H N M L I O N S D E N R L X Z R J E
H P I H I B Z L C Y A L U N J D Q F N
T M W A V D A U L I T S O C O W N O X
H U Z R A I E F U E T I C N N T I R Z
O I T M L G F H F F N A C X H T R T R
R R Y O R N I C H H Q K M O C M J I Z
N T G N Z I L T T K V U X E R R N T H
I O Z Y H T F A I P V W R N L E R U X
N J Z I W Y O W A X P R V B J B F D Y
P L A Y O R D C F D U K S X F B M E T
A B W V Y E R J T S I L E G N A V E S
W T Z W E J O Z E W A D M Y P S N T E
Z M C A Q N L R M V Y K A F U C M Q J
M C X J E K I U Y N T V T F E A V H A
H P V F T L W C S D J F S A R G T P M
Y I N Z B A E I E C S X V K H I B P F
```

Emblematic
Strength
Majesty
Courage
Fortitude
Resurrection
Lord of Life

Faithful
Watchfulness
Triumph
Lions' Den
Ferocity
Harmony

Evangelist
St. Mark
Royal
Dignity
Winged
Venice
Thorn in Paw

MIRACLES

```
U C E B S W A L K O N W A T E R J Q Z
G G B D L U J G I J C Z L V O J W A U
E M A E W K O Q B G Y V T W R J R X K
I X H L J U G L K A K K E Z O J Y T N
O F S P W U J P U L M M Z N E N M K R
I K I P M R L Q O C U R U G A W D X P
Y T F I C A F G D W A Y X M E G N E I
Q L H R N Z Z G W S E R Z Y D B G C R
M P C C U L V I T N E R I A J P I X N
R Y T K S Y N R H U J R E M R V S H V
O A A K R E C V B L X R P P P O G E D
T I C W U B S L J S B A G T E V Y A R
S R L D R W I N O I S S E S S O P L R
S T J Y K N R U A C E A U H P E R I K
M P N D S W B Z E Z T S R A A R N F
L Y Q M W G G H E J L D B V A N V G Q
A E E P E I H S N Q E C L V V Z K W O
C N K T V P R I S E F R O M D E A D B
A M G Z U V C B F E E R T G I F S L N
```

Lazarus
Bread
Wine
Walk on Water
Power
Sign
Wonder

Feeds
Possession
Crippled
Fig Tree
Miraculous
Restores

Healing
Catch Fish
Cleanses
Rise from Dead
Calms Storm
Pigs
Blind Men

MRS. CLAUS

```
N Y S W E E T Z X B V G D X A G N N D
A L W L W S O Y T N E I T A P L W O N
N E E R G Z T S S E L F L E S G I R I
B V W V E E T D G Z M Q J O N B F T K
B O R C N C Q N Z C D Q S M Y D E H V
L L E N K Z F O U L J E S L J R G P Y
M K O P E U P Q O E I H E O Y E H O N
Q B H G I E L S S K C V A J F I S L I
E D W M K K A W O Q I Q D V H Z M E V
Q A X F F S S O M L N E N Q S B B D I
S X M Z Z X C H H T V Z O A N C I V L
A R K A X M L A C Y O T L N R A Z T P
A E Q Q Z N V G L G N L R F Y T K O N
Y E M E M I N H Y I I H E G S J Y Y L
Q D C O U I N O P W I D D A F Y P S S
N N V G R C R G D W X X D P Z L N C A
B I O A J R Q O O T N A R E B U X E N
C E C K A F O E G G F A J D D H D A T
N R K H B G V G W K J N R M P B X J A
```

Wife	Sweet	Reindeer
Santa	Goodwill	Caring
Lovely	Kind	Toys
Red	Calm	Selfless
Green	Patient	Amazing
North Pole	Exuberant	Bonnet
Cookies	Lively	Sleigh

NAMES OF JESUS

```
B R E A D O F L I F E O H Z J U I Y L
N P U F C D H R F P R J J K P Z D W I
D K M S J N R P Y S R S C R V O F L G
R I D U K J S O X X A O I J G C K D H
T C V G G N R X L C M N P F A W J R T
K R H A I S S E M E C Y O H W O F E O
I A U M D E O L G E H B A M E N W H F
N T H J R F L N O H M T H W M T N P T
G S G V X S O F O A B I F H E D B E H
O G A R C G P T L F P R N O R H Z H E
F N V B E E M S O X G U A O M Y T S W
T I S U A D S S D O H O W N O R V D O
H N H C Z J E X P J R E D G C B A O R
E R E J S S E E X Q H S W L Y H I O L
J O K G A G C S M T X A X Y Q Y U G D
E M T V C R X G U E D M E D I A T O R
W M I F Z N T M A S R L E U N A M M I
S O M A N O F S O R R O W S D P X G Q
R R R N O I T A V L A S F O N R O H G
```

Jesus
King of the Jews
Savior
Messiah
Prince of Peace
Son of God
Immanuel
Bread of Life

Morning Star
Prophet
Branch
The Word
Good Shepherd
Root of David
Lamb of God

Mediator
Horn of Salvation
Redeemer
The Way
Man of Sorrows
Servant
Arm of the Lord
Light of the World

46

NOEL

```
P H D L O C H S F Q D D W N S N R N X
L T E C N E S E R P S I H U E Z E J N
H R S W B Y D L Y I N X K Y E P V M X
J A H L Q U P O N T H E I R K N E E L
D E R E F F O D E T E E W M Z G R G E
G Q S S B W B R J L O U S A V T E O L
K N S U V J S H C G T E R U H A N G E
T U I G S N D N O Y E B T S A E T S A
T X Z N I L N A U S T X F X T P L D R
H F M G I I A Z N B L L N M X Y R S
G E H E J H O Y T O J L E T U I M O I
I T T H T N S U R Y N T T Q E V K C F
L E T I W M E T Y I N G L W N S I C O
T X M Z Q V H I F I Z W T X T C J A G
A F S M G W W C A H W X D I E A S E N
E X M F E J N I R T S M E E R U W N I
R A T S E H T W O L L O F V E M H O K
G T T P O O R S H E P H E R D S Y O C
G Y F V N E M E S I W E E R H T Y T U
```

Cold		Three Wise Men
Winter's Night	Entered	Country Far
Poor Shepherds	Reverently	Intent
King of Israel	Upon their Knee	Seek
Shining	Offered	Follow the Star
East Beyond	His Presence	Northwest
Earth	One Accord	Pause
Great Light		Jesus Lay

NUTCRACKER

```
D N U T C R A C K E R P R I N C E B L
X A E I A M V V N U U D K H T C L F X
E U I L V H N G O M A R C H O F T O Y
V Y A X A I L A N D O F S W E E T S G
E R S Z L B P Z T I R F T J T F J M X
S I I E I Q E N T D K S B A L L E T G
A A W R E R E Y E M L E S S O R D C T
M F J O R C W U N P C S S G P U D H S
T M Z S O O Y U J O F T G U E H P A E
S U Y O U D D T C S I B Q N O H H I R
I L V Y E H W L S S N S K K I M S K O
R P B C O W A I A O S O S G V R E O F
H R N R N R R M N L B G W U D J T V E
C A Z D A X X D G D D T G Q C D W S N
D G B U L S R R I I S R U Y U R U K I
Q U C S T Z S O B E B K I U D E E Y P
C S R D D C R W V R G H R O H N E P Q
F J F B I M P S D S E K A L F W O N S
W A L T Z O F F L O W E R S Z I M V Q
```

Clara

Sugar Plum Fairy

Nutcracker Prince

Mouse King

Cavalier

Christmas Eve

Fritz

Drosselmeyer

Percussion

Strings

Tchaikovsky

Dance

Sword

Snow Queen

Brass

Land of Sweets

Ballet

March of Toy

Soldiers

Pine Forest

Snowflakes

Waltz of Flowers

Woodwinds

OH COME LET US ADORE HIM

```
R Q J I E I Q Y A U I D R X W X P K K
E M K E E H D V T M I H D L O H E B E
H N R H E C M B K G L R L L O Q B Y P
T H B S F H A P P Y M O R N I N G E E
A G O M M P T Y H T P I J K J K Y H U
F H N T P V G T X S A R D O I E K S S
E A F I H C L H E O U B G G M P Y D T
H J C I R E C F T E T Q N O H R A R L
T U A P M A C C N I R I C Z O I H O F
F L W D J U E E A S S G M L Y Z E L A
O E F H O O S P H P L N G M B Z A E I
D L J T D R Y N P L S M Q Z N V V H T
R L O L I U E F M A U A O Y H E E T H
O A Z O E V O H U S S F L E S H N T F
W H H Q R B K G I L E K F T S M A S U
Z C D X O I Z U R M J B Y D X G B I L
K U E X U L T A T I O N V M K P O R Z
K I N G O F A N G E L S E D V Z V H C
J R F C Z T E L G A C W A G R Y E C X
```

Faithful
Joyful
Triumphant
King of Angels
Adore Him
Christ the Lord
Choirs

Word of the Father
Flesh
Appearing
Come ye
Behold Him
Sing

Exultation
Heaven Above
Glory
Hallelujah
Greet Thee
Happy Morning
Jesus

OF THE SKY

```
W Z X B V D Y D R O O S T E R O I E M
S S F E A T H E R S H X V A Q A W P O
P Y S R B L A C K B I R D E V C J E D
I L M E S S E N G E R S Q J G R T A S
R Z L F N T P I I H A L V Y A R L C I
I G L N L L L A K H V Q V L Q F O W
T Q O R E B U W R Q P S E J U U H C J
U N T L Q H T F H R K N R T P J D K K
A X J W D G K U H W O O D P E C K E R
L X I O D F G C V C P W V O F M X E U
R U Q L E D I E E L T F T P S E T W C
H I O L X F N U O J A R Z S L X C X
U N E A G L E M C N V L W K C O I L F
S E Z W Q N A R A H Q C K R O D N M Z
S Y T S F G T C E O B O A R B I E G Q
C U P A E B I H V X P N G I U O O O S
F P Y F J L D O S K E V Q N D U H E C
R E P R E S E N T A T I O N F S P I P
Q I E P R N C X X O E J P D F H D W C
```

Spiritual

Representation

Blackbird

Rooster

Crane

Melodious

Songs

Eagle

Messengers

Wisdom

Goldfinch

Feathers

Watchfulness

Pelican

Peacock

Phoenix

Raven

Sparrow

Plumage

Swallow

Woodpecker

Falcon

OLD TESTAMENT

```
S A C R I F I C E O F I S S A C E Z J
N I A C F T F M Y L W P W Q G F T L O
D S A T F D W W H T N A L M O L H O F
Y T Z Q F R H M W D F O K H M G O F P
B N N I V A M V J B E D A B E L A U O
O E W O L G N D S R L Q Y H M P R H L
C M X E I W M R I M E A Y W X Y A P O
A D B F W T N H Z V M Q R D U S H E L
J N Z Z V N A O W K A E V Q O S P S J
F A G E M O S E S W T D O D O I H O C
O M I X J U K I R S M A D L Q F S J A
M M V D W N C D E C C I O N K H G T E
A O L Q D N E J K S B M M L U A M V Q
E C I M B J O T O Z O D V A Y Q E M H
R N W K D B R S E N T F Q R H Q C A C
D E R F B R X S M D A O D I R A J D Z
P T F D F U S Y Q A A H B U I C R A N
L R X D K C D V H C S K T B V E D B X
I I V G E M M S X Y V H G V S K S Z A
```

Creation		Dream of Jacob
Adam	David	Joseph
Eve	Solomon	Moses
Cain	Ester	Pharaoh
Abel	Jonah	Ten Commandments
Noah	Whale	Joshua
Abraham		Samson
Sacrifice of Issac		Ruth

PLANTS OF THE BIBLE

```
E K A R D N A M U M C M L U X Y A X R
Q A L E N T I L S R B H N W L N P K G
J L K N L W E T W V U G E I T T J X E
T O U M Z T S E I Q E K L S K C N B J
Y E T A N A R G E M O P M R T E K I E
T J W A Z M H Y G J M Q F U N N U Z M
K X B P S L E F M D T V E G Y D U F H
J C G U E D M X X L S U N B P A B T C
P I M E L O L U B W W N I F L T E L Y
A L K H E B O C R R Z F V S M E L E P
K R H I K F C L V Q O Y E A R P P J R
O A F T I A K Q B L P N K A P A N E
M G O H T T A E H W T K A N U L A O S
F R G D V W E P T S L V R E H M T M S
J O E N T M J Y I M S M G H K D I A Q
I F U S N R O H T F O E G D E H Q N C
U C U Z G H T Q W D I D A Y F I G N D
D V G U K H Q E D Z Z Z F E K K S I Y
T V U I L F D W Q C T T I I T R B C H
```

Aloe		Hedge of Thorns
Apple	Oak	Hemlock
Chestnut	Pomegranate	Henna
Cinnamon	Thistles	Leek
Cypress	Wheat	Lentils
Date Palm	Grapevine	Lily
Fig	Myrtle	Mandrake
Garlic		Mint

RELIGIOUS OBJECTS

```
P E Y V X S V Q U K G Y A E N I E O Q
U K S B R H A E L D N A C Y Y C C G B
R J O C E L H W F X T H O R N S R V M
I Q I H L L F S N Q J G A A O K O S N
F D F U I J L N E T A P R K R X W X E
I B P R Q I F S S H Z T W K P G N F P
C M C C U U G S P H S Z S S I W Y V H
A V E H A K U R M N Q V D O S S A L E
T R N J R Q I M O H C Y A N L T Z A L
I Y S J Y C G M N S I Q R T L U Y S C
O P E F C R X X D L S J R C X H T E A
N Z R K B H I M F Q A O A Y F O R G N
F H C K K N S L A R O P R O C S X R R
Q L E C I L A H C C W M Y C A T R E E
Z X D K R F P S M G Q A F N C L O P B
C O Y Q C S X C A T H E D R A L S S A
P X I F I C U R C H K P M K W A A T
Y Z Q R O R O R A T L A G Y H B R S Z
K M X F K L P X W R N K R M G Q Y L D
```

Altar		Cathedral
Ampulla	Monstrance	Censer
Corporal	Paten	Thorns
Asperges	Purification	Chalice
Cross	Reliquary	Church
Bells	Rosary	Crucifix
Candle	Tabernacle	Dossal
Crown		Host

ROME

```
M Q X G K S S J Y A O A U Z Y O O C B
E H W Q G X N L T S U S K L E R P E H
U E P O P T O I T U O Y S Q B L X S B
V X Y D S Q L S A Q U T U T T K W S E
D G E Y D K K L N T P A F I Y D B E R
K S P C C B S P A E N J T M J Q Y V N
K E S A S P Z I T P G U H Z V V P I I
D R E T A S S E L C I F O O M G I H N
N E H A A E R A Z E N E L F P H L C I
V A C C Q S R K I C B E T F A P G R A
Q C R O J H E X O R G O V A N Q R A H
N E U M L E T E R N A L C I T Y I L C
D C H B R A P H A E L M J O H C M A Z
A P C S J S N L U W G T A X E N A P O
S I S T I N E C H A P E L T O Z G A P
A H N U C H T N E I C N A A N S E P B
V A T I C A N J U B H Q O L Y A N U I
V C Y I L A S T J U D G M E N T S Y W
A Z M F H F C N A A M F I B H W Y G M
```

St. Peter's	Last Judgment	Catacombs
Santa Maria	Ancient	Pilgrimage
Sistine Chapel	Bernini	Michelangelo
Pantheon	Fountains	Raphael
Eternal City	La Pieta	Churches
Vatican	Pope	Obelisks
Sacred	Papal Archives	

SAINTS

```
Q Z W L B X V W Z K J S H O G B A S P
E I V S E B A S T I A N T G X C Y Y P
J E R O M E N B E H Z W X R L L U J Q
D C E W Y Y M H F D O X Z E F E U I S
S T C E G R O E G B U W B T V M W E X
K F N K D A C L T U K J E S R E H N D
X R E A R H Y I X O Q C R E P N Z E Q
V A R L R T C E N U N C N V E T C L K
U N U S C R D L G I T C A L L V H A N
Q C A T Y A Q S D N M L R Y I Q R D D
Y I L J P M A L E C P O D S S S I G C
C S D E R L Z C O S L S D P A I S A A
X O H Q O O N J W B J V F B B M T M T
E Q U H Y I S J L R X U L L E A O Y H
J J C R V E R O N I C A U L T G P R E
N I J W S P G S M P R U D Q H A H A R
N O E O X U I W J Q I T M W M T E M I
H L N H H E L E N A N W Q X W H R D N
J Y A T S I X A N Z A Z X D B A B X E
```

Agatha		Mary Magdalene
Bernard	Jerome	Sebastian
Catherine	Laurence	Ursula
Christopher	Martha	Vincent
Clement	Nicholas	Elisabeth
Dominic	Sylvester	Francis
Jude	Veronica	George
Lucy		Helena

SAINT NICHOLAS

```
Y T I R A H C C H B O R Z Z S F R T A
S T F I G F Y R F G E D Q Z U U C F Y
C D Q W A M K W J P Z Q A F A L T L R
D R M M E P K Y E E M N C V L T R P O
C H O R W A Z E V S F P X E C R Y A T
M U G O T W K N O N H W J O A A O T S
S E C N P N Y Q Y X I T C W T D U R S
D K T B N O C V A Z S V C I N I M O A
V A H I C E T C G W T F O I A T B N M
G R R S M U U H E D S T G Y S I H S T
S D E T U B I R T S I D V X K O R A S
V P E Z A P C Z M L D I X V L N W I I
L S P Q N F A I Y K A B A Y S E F N R
E K U K X A O G I U T E L U X L B T H
G F R H C M C K M F M A W N I C I J C
E C S C H I L D R E N I R K P A S K O
N E E S Y M J L W D M C E U D R H K M
D O S T V S R E L E V A R T P I O E V
I B W Y N H E U S A I L O R S M P Y M
```

Tradition
Santa Claus
Distributed
Wealth to Poor
Voyage
Holy Land
Three Purses

Miracle
Children
Gifts
Merged
Christmas Story
Charity

Travelers
Sailors
Patron Saint
Bishop
Famous
Legend
Innkeeper

SANTA'S WORKSHOP

```
L P J P A X D S D G N P G O I N M V A
P V N U K B U I L D B K I Q I I B T X
C G E S Z W N O R T H P O L E R N F K
E D E F T O T A C C B Z F N E A D E R
Q W R X E F T Q Q W Z D U P S R J G Y
P O G M N G I P F S S N A U G H T Y C
W R A P P I N G P A P E R A G J V F U
U V U B H K I V M Q C L C C V K H T V
W O I U C W N T M C X K U R A Z P U O
I D C B D P S J R S N S H P L C J L K
D Q B O Z I B R G E X R F I U P L F F
Y Y G I R K O N S Q I B T S S S H L K
F V T H P M I R E C I N E Y M N N K W
N S C U X K E D X K L V D T O Y S B A
Y C J F C P U N Z W L A O E P I X A P
R L B O L N T R E E S O C F E R Z G E
R I T E T N S O T D L J H G D R M S V
E S H B T W O R K S H O P Q U W V G D
M T F A C T O R Y N F W K F B O X E S
```

Elves
Santa
North Pole
Reindeer
Wrapping Paper
Gifts
Green
Red

Toys
Trees
List
Christmas
Workshop
Factory
Merry

Tools
Boxes
Bags
Naughty
Nice
Helpers
Build
Stockings

57

SANTA

```
S R X N K L C R B P N I S R D D C K C
G E C A G I I C P H O T X S L H Z I E
D E L U H P L O D U R H Y U J O B O L
R H R G A R S X D J U O S U X H C J O
C C E H N D U A Q M T Z P K O O L H P
H D E T S I V W L F Y F O O R H B S H
E O D Y M A R Y O O N I J K T O O E T
C O N N X F N K N C H S N C H F W A R
K G I I J Q C T S S T C E G C R O U O
I B E C B A K L A I R O I X X C Y O N
N R R E S A Y B H C R E F N D U E K R
G N G C K Q W C A N L K T E T D N X R
L E N W Q I B L C S K A R T D N M T Z
I N I D K J C T T M H X U O E Q I Y X
S O Y Z T W H U Y T X I Q S I L H A F
T K L I M D N A S E I K O O C O C R S
I Q F S T O C K I N G S D M F S T E F
V E B S J F Z V H I D C S K M L D A J
F A T H E R C H R I S T M A S C Q U R
```

Kris Kringle
Saint Nicholas
Flying Reindeer
Sack of Toys
Red Coat
Sleigh
North Pole

Letters
Stockings
Rudolph
Santa Claus
Naughty Nice
Checking List

Workshop
Father Christmas
Good Cheer
Chimney
Rooftop
Cookies and Milk
Ho Ho Ho

SEASONAL TREATS

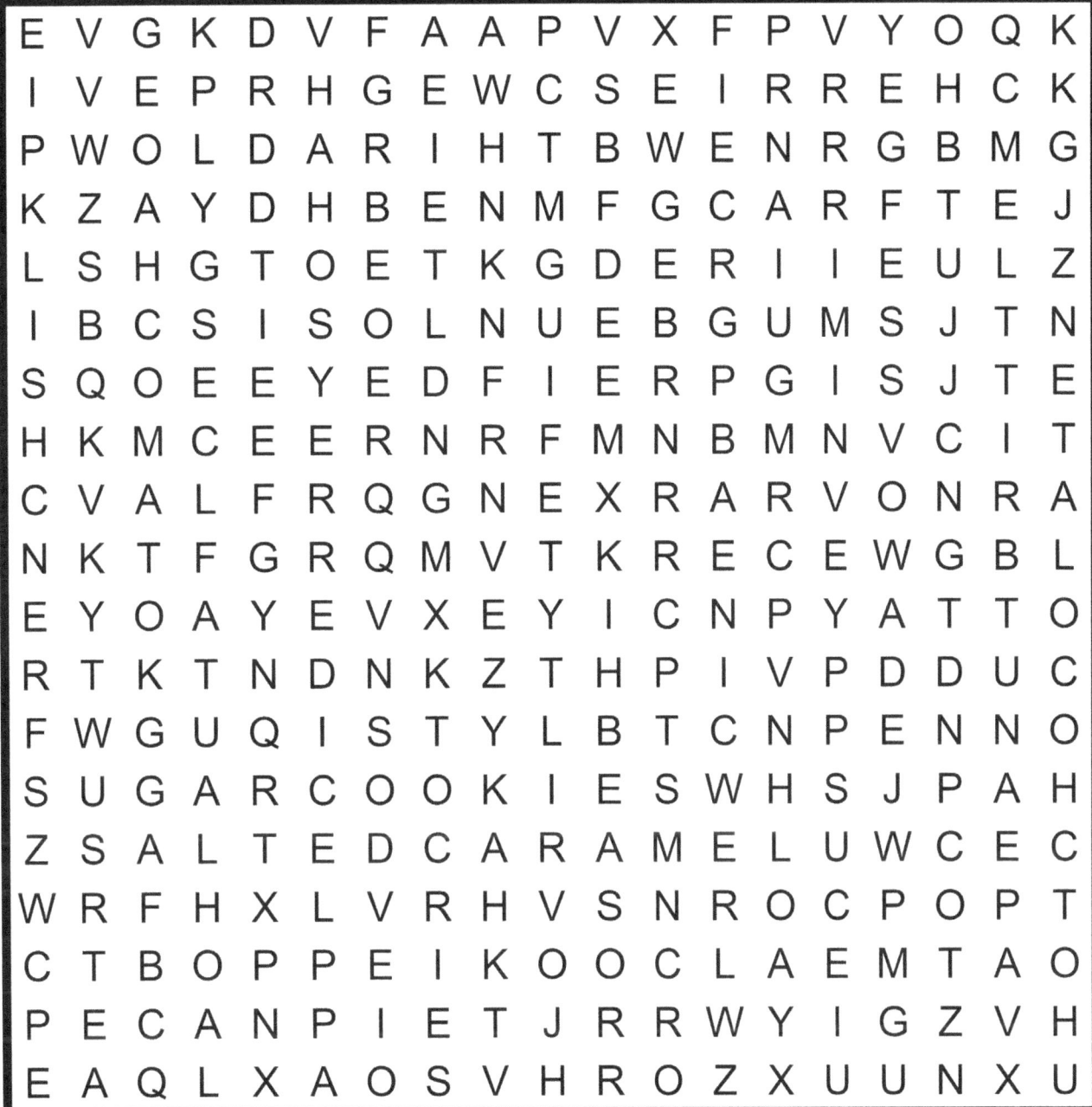

```
E V G K D V F A A P V X F P V Y O Q K
I V E P R H G E W C S E I R R E H C K
P W O L D A R I H T B W E N R G B M G
K Z A Y D H B E N M F G C A R F T E J
L S H G T O E T K G D E R I I E U L Z
I B C S I S O L N U E B G U M S J T N
S Q O E E Y E D F I E R P G I S J T E
H K M C E E R N R F M N B M N V C I T
C V A L F R Q G N E X R A R V O N R A
N K T F G R Q M V T K R E C E W G B L
E Y O A Y E V X E Y I C N P Y A T T O
R T K T N D N K Z T H P I V P D D U C
F W G U Q I S T Y L B T C N P E N N O
S U G A R C O O K I E S W H S J P A H
Z S A L T E D C A R A M E L U W C E C
W R F H X L V R H V S N R O C P O P T
C T B O P P E I K O O C L A E M T A O
P E C A N P I E T J R R W Y I G Z V H
E A Q L X A O S V H R O Z X U U N X U
```

Eggnog
Gingerbread
Sugar Cookies
Cherries
Toffee
Peppermint Bark
Fudge

Popcorn
Oatmeal Cookie
French Silk Pie
Mocha
Candy Cane
Salted Caramel

Apple Cider
Hot Chocolate
Peanut Brittle
Pecan Pie
Cheesecake
Tiramisu
Snickerdoodle

SILVER BELLS

```
T M S M B T A U S I N C S O R T R N C
N I D E Y E P I M Y H Q J C O Y B R F
W B L S H D M Z G V B U N T Q A S X Y
F L J P N C W I W O C U R L P D V C Q
S T H V I O O E T K U E S A G I M D G
U C O T W M W Q J S A Z U Y S L R T E
P A Y U F K Q E T S A Q W I T O Q E O
K S A H Y Z I V U L E M L R Y H L L D
A T K Q B Q G R K P Y V T V L N V C P
P H P Q I S E J N Y E W H S E T G K R
A G P R D O G H M R G X W A I N Y X S
C I A I E D Q C U M R R X T E R Z Y K
E L K O F I T N Q G T R X A L K H H L
L T M I G Z R U V T A X O T E F O C A
P E G R E E N B T E I X K N L Y O N W
O E Q O G G N I H G U A L A T P J U E
E R I N G T V O I K V C N S S P G R D
P T J E J V U G Z N G Z V B U A I C I
A S O W O E N Z V N O Q P D B H H A S
```

Christmas Time	City	Silver
Street Lights	Ring	Bells
Red	Hear	Day
Green	People	Snow
Treasure	Bunch	Laughing
Kids	Crunch	Holiday
Santa	Happy	Style
Bustle	Sidewalks	Busy

60

SILENT NIGHT

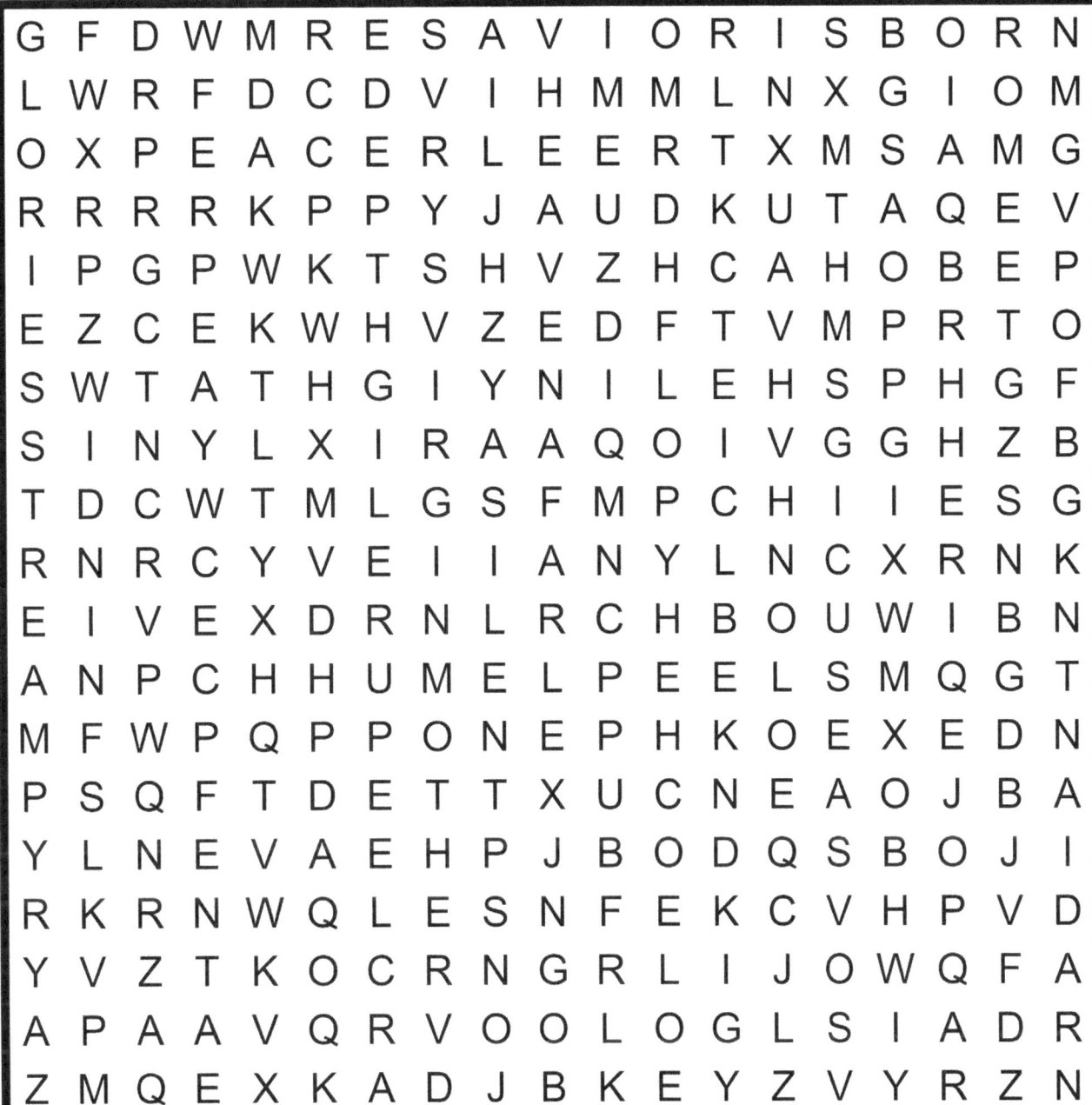

```
G F D W M R E S A V I O R I S B O R N N
L W R F D C D V I H M M L N X G I O M
O X P E A C E R L E E R T X M S A M G
R R R R K P P Y J A U D K U T A Q E V
I P G P W K T S H V Z H C A H O B E P
E Z C E K W H V Z E D F T V M P R T O
S W T A T H G I Y N I L E H S P H G F
S I N Y L X I R A A Q O I V G G H Z B
T D C W T M L G S F M P C H I I E S G
R N R C Y V E I I A N Y L N C X R N K
E I V E X D R N L R C H B O U W I B N
A N P C H H U M E L P E E L S M Q G T
M F W P Q P P O N E P H K O E X E D N
P S Q F T D E T T X U C N E A O J B A
Y L N E V A E H P J B O D Q S B O J I
R K R N W Q L E S N F E K C V H P V D
Y V Z T K O C R N G R L I J O W Q F A
A P A A V Q R V O O L O G L S I A D R
Z M Q E X K A D J B K E Y Z V Y R Z N
```

Holy
Night
Calm
Bright
Virgin Mother
Child
Sleep

Love
Silent
Pure Light
Radiant
Redeeming
Grace

Heavenly
Peace
Shepherds
Glories Stream
Heaven Afar
Savior is Born
Son of God

SLEIGH RIDE

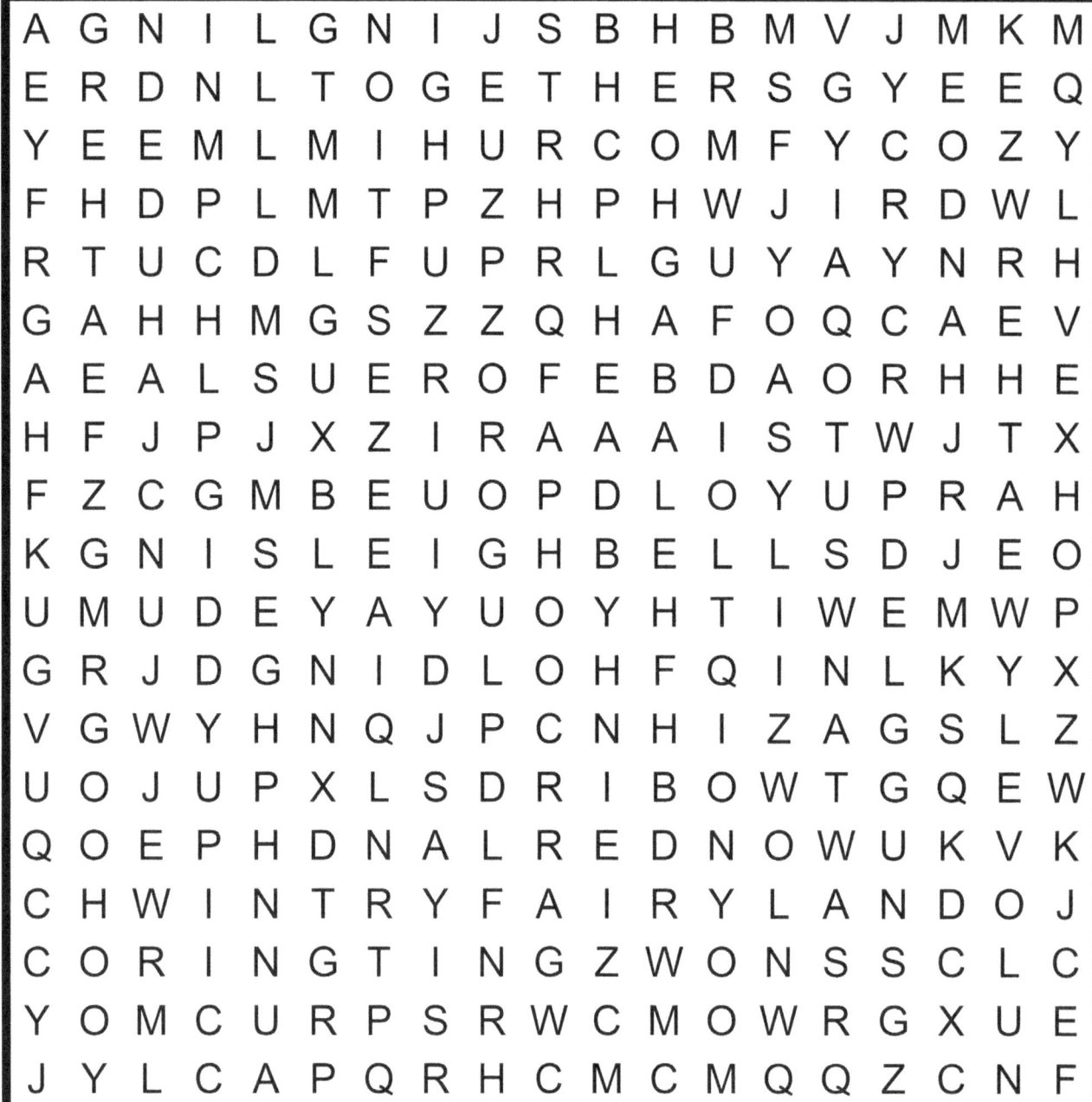

```
A G N I L G N I J S B H B M V J M K M
E R D N L T O G E T H E R S G Y E E Q
Y E E M L M I H U R C O M F Y C O Z Y
F H D P L M T P Z H P H W J I R D W L
R T U C D L F U P R L G U Y A Y N R H
G A H H M G S Z Z Q H A F O Q C A E V
A E A L S U E R O F E B D A O R H H E
H F J P J X Z I R A A A I S T W J T X
F Z C G M B E U O P D L O Y U P R A H
K G N I S L E I G H B E L L S D J E O
U M U D E Y A Y U O Y H T I W E M W P
G R J D G N I D L O H F Q I N L K Y X
V G W Y H N Q J P C N H I Z A G S L Z
U O J U P X L S D R I B O W T G Q E W
Q O E P H D N A L R E D N O W U K V K
C H W I N T R Y F A I R Y L A N D O J
C O R I N G T I N G Z W O N S S C L C
Y O M C U R P S R W C M O W R G X U E
J Y L C A P Q R H C M C M Q Q Z C N F
```

Jingling
Ring Ting
Lovely Weather
Together
Yoo Hoo
Comfy Cozy
Snuggled

Sleigh Bells
Snow
Falling
With You
Show
Feather

Two Birds
Road Before Us
Wonderland
Giddy Up
Wintry Fairy Land
Holding
Hand

SLEDDING

```
E L N Y X Q F Q S N O W B O A R D N C
L W I N T E R A C T I V I T Y N P E F
I V C C Z T F I H S Z C E H W A Q Z U
B D C Y U S W J Q E Q C A B S H Y A D
O D K S T O N E B O A T S R D U L E O
M U U Z U E W Y I Q L I T A N D L B M
W X V W D B A S A G T L M C U S L U L
O Q N E X U R T N O G A W H B C E I U
N L V D O T D E D X O F M O H F E N Y
S C S I C E E P R R Z B F C C F R W
S K J R E L S L M I E T O B O G G A N
I L U H N B R R V K N D K N W U H L U
J T L G U A O U Z Q O N I M O K Y K F
O K U I O T H N I X T B C L J F G H Y
K R L E H A T N L U E Y K L S F A N L
X J H L E L R E T A L G S E Z M V R I
W B F S A F O R H Z E X L N R C A N M
C S U C X N E G U L K R E A I G X O A
F E E G A I R R A C S G D Y B Y X C F
```

Sleigh Ride
Winter Activity
Toboggan
Carriage
Wagon
Horse Drawn
Saucer

Snowmobile
Ski
Snowboard
Stone Boat
Hills
Family Fun

Steel Runner
Kicksled
Inflatable Tube
Foam Slider
Bobsled
Luge
Skeleton

SNOWMEN

```
U Z R Y J F S Z Q O V Q A L Z C S R S
N F L P H E E W E E R H T M D T N E L
P E R D L I U B O C A P R M O O O W L
Y W H O C Z E W E L E Q H P T V O S A
C A M A S O A A I I L C H C P U R N B
C X E U U T Y O W S N A O Z C N A O W
X E Y C V O Y S F U T A M A M Z C W O
K P P V D Y T F M T W E E H L S A D N
F R A C S N U C S I L W A B S E M O S
V Q F Y O M B C M T L K D C T R Y G U
T H T W R R U M I T T E N S I X A E V
N N O A I L N N F P T M Y D C X N M S
X E E L P R G C J D T O E F K Q P L Z
N Z V T C A R R O T N O S E A M Y Z J
M O U P D B C Z L B S Q C Q R C T E R
B R T T Q W V T X E P O K O M I E I T
E F W Q P U B S H R X I D S S C N Q H
J A C K F R O S T P I K P O S K O O B
S A H Q F I A M I C E C R E A M M L G
```

Carrot Nose
Coal Eyes
Snowballs
Frosty
Melting
Frozen
Corncob Pipe
Snow Dog

Jack Frost
Marshmallows
Macaroons
Ice Cream
Build
Mittens

Earmuffs
Beanie
Stick Arms
Scarf
Top Hat
Smiley Face
Three
Sculpture

STAR

```
Y H R E B M E C E D P N C X T B K W U
E A C Y I P U P S T E L L A M A R I S
N C O N S T E L L A T I O N S M M I K
R M P B X A S T A R O F T H E S E A I
U Y E F O R Y G T W G H V Q Q F E G S
O S B C E Z S T W Y O L H W E C A L T
J D L G N P U S I B Q Q H A Y M N M A
K W N S K A G M E V E G D I V I N E R
J A R Z R L D T Y N I M E W I L Z D O
M G Q H W K H I M K K T X O N L B T F
V R J A Q L F D U U S R A O R U C K T
Z R Z A E S W N B G J T A N S U G L H
K J S H R O X F E V O D H D W W I Y E
J S E Q N E H E A V E N S G D T B F E
F M F F W I S E M E N V N N I K C S A
M C Y T A K N F D P H M K W R N B S S
N I W C M V G N I T H G I L V G R M T
A E G M L V O P T W E L V E S T A R S
N Q R O L E A R S I F O S E B I R T A
```

Lighting
Darkness
Heavens
Night Sky
Divine
Favor
Star of the East

Constellations
December
Nativity
Wise Men
Star of the Sea
Guidance

Journey
Magi
Bethlehem
Manger
Twelve Stars
Tribes of Israel
Stella Maris

TRADITIONAL TOYS

```
S V N R R R F W B V Q M L T D Z B Z X
P Y J H M A H Y P Z E S A I A S L A Z
D C D A P G C M U T E P M U R T O Z T
S Z M J F D R Y I Y X W I E R M C P A
F E R I K O M V O E L Z N L A E K I L
T G M S Q L D Y W T B Q A A W S S V E
I E K A U L L L Y E H R D T D R U M S
C W S N G S B I C Y C L E I W O B L U
E S T N W D H T V D W Y F N F H V T O
S Z U R I J R J T F N H F C R G O P H
K I E A N A V A A A C W U I S N H P L
A K Z E Q T R B O J M X T R T I M U L
T I W B D N I T B B S K S C V K M P O
E C L Y T W U D N B K W H U J C Q P D
S K M D G G D A E Q R D E S Y O M E B
Q B U D E N P D D R C U B E Y R L T O
O A K E J N P K O G H C D E T S P L W
D L Y T A J C R O M M V V H N S D V F
L L A B T O O F W N U T C R A C K E R
```

Teddy Bear	Nutcracker	Tin Circus
Rocking Horse	Doll house	Puppet
Train Set	Trumpet	Ice Skates
Rag Dolls	Football	Sled
Blocks	Sweets	Toy Car
Drums	Board Games	Wooden Boat
Kick Ball	Bicycle	Stuffed Animal
	Train Set	

TREE DECORATIONS

```
Y T R O J T O B G P K M R Z V Z A B Q
Q V P X K A P F N G X V S X I L I C
X J L N C O M J I O Y A P G P D C R V
T G L E G N A P K S R E W O L F A B I
M R S Q X N I T C X B L C P I B W D W
P S E N I C T A O G I F T S A S D Y Q
H T T E K M N A T H N U N P H N T S S
A H R L T D F F S M L V P W Y I H A K
X G E I Y O T I N S E L I T N A U N R
P I Q D L Y P F A W E P Z C L R H A H
J L W K W U K P A B D T O P I T O X G
C G O S E N O C E N I P P P J C Z L L
N N E R P N H R J R A D X G C V L Y A
R I B B O N R S T N E M A N R O I E S
I R P O P I S E L D N A C A F O R O S
Z T Q J E V Y W P J W X T Y G C E N B
Q S L S S E R U T C I P T P U M S E U
S N O W F L A K E S J V I H C A W D L
S M R C M J X C U M G K Q J S H X W B
```

Glass Bulb	Crabapple berries	Ribbon
Star	Tree Topper	Pickle
Angel	Stocking	Icicle
Tinsel	Ornaments	Snowflakes
String Lights	Pinecones	Flowers
Popcorn	Gifts	Pictures
Candles	Candy	Trains

TROUBLED WATERS

```
T N U A G W R H P O L A Q K R S C H S
O R Q S F U H O D H T F K H V M V D X
D H O R R I B L E K T R I T E N A N T
E X G D H Y U J C H A E B R O K E N H
G M N G M Q V G X F X T U D H P R E R
P Z W G H R K U A O H S M I D Y A U E
P A D S S U O I C I V I Z R L K C U A
D T U E J C L L T U G N N T B A Y I T
T O V N K U A T R G P I J Y D N A P E
Y T L G R C V Y W N U S S U M X B A N
P A N E R G I J O V T W E B O I A N I
A I L A F E M W R D B C R T R O R G N
H I E Y R U E E R B H Y O P B U R E G
A F O D G O U D I D K K V R S S K R O
R S V W U P N F E A E H K X R P V E V
M T G S R R F G D M K K F U E U B R Z
F R P I H F A V I A P U F V W S D N
U U H N Y U I S V G O N A E G A M T B
L H X S J T R W W E A R Y X U W K K K
```

Fear	Ignorant	Corrupt
Weary	Rude	Damage
Sins	Sinister	Dirty
Anxious	Threatening	Failure
Worried	Unfair	Guilty
Greed	Upset	Harmful
Anger	Vicious	Horrible
Broken	Wicked	Hurt

TWELVE DAYS OF CHRISTMAS

```
G P R O M T F T G H B D O M F A R N W
T R G A D H R V K N R A Y T G P L X K
Z C T Q E T Q K R P I X L F N E R J K
D T G V T P N S C S S Y N S X T P F D
R U N S L H W J O G M V A W M H S T P
U R I Z G A D W M O B B N L A D I E S
J T P U N N J M I L K I N G R H I S W
Z L A S J D I E D A L Z A I Y N N I I
S E E S B B L R P G V I B M W E E G M
R N L S X B D S D N Q G B T H G L S M
E C F S E U W D V L N U I T D S Z F I
M C P D S E V R P I O M K I D J M R N
M P X I J W G O L U H G R S K C C E G
U W M A L Y M L J D A T W K E U T N D
R B X M P G A Q F G R F P Y C V T C P
D G D A N C I N G A D I C G T Q O H C
K Y E S R E P I P K R F G V I R F D Y
J W I B D V B T Z H O C R X U W E G O
G N I P I P S I C A K P G F S X K E L
```

Calling Birds	Drummers	Milking
Gold Rings	Partridge	Ladies
Geese	Pear	Dancing
Laying	Tree	Lords
Swans	Turtle	Leaping
Swimming	Doves	Pipers
Maids	French	Piping
	Hens	

69

WATER

```
X G K M A Y N Y A W A G N I H S A W X
K E K P N B E S R E V I R H D F R M A
S D Y I B H E E Y P G N I Y F I R U P
S T N E R R U C O P T N E O N A C N M
G H W J K K O C U N O M U M S F E J U
A L J F I U E P E W A N Q T Z A B J C
B Y S T M A H M L E T P A I X S E D C
C G Q N N U A F V A Y T U C E Z N S E
E N P Q N R I U I U U K X G H V Z E Z
E M V G C H C N E S O D J N E T S M R
Q D S A J F V C K W N P Y I T K S I Y
R I S I N G N L S J W B M S Z A E Y T
Z S I F T E X L I O T M E N J X N S I
L Y F X C P U L L E W V K A G Q W R N
F B L O O D A F L N A K I E I H E A I
J W N F Q Z R B Z W U V V L B W N E V
I N V E B E S T R E A M Q C Y I J T I
I G R C V Y A E K H F P T T M N G Q D
S D O O L F C V W N R P H Y D E Q X I
```

Cleansing	Divinity	Overflow
Purifying	Blood	Newness
Sacrament	Wine	Innocence
Baptism	Ocean	Waves
Washing Away	Seas	Rivers
Rising	Currents	Fountain
Floods	Tears	Well
	Stream	

WHITE CHRISTMAS

```
Q P I H Q G D N V Z T U G K Q S S W P
A U Z C T H R B D M Y R R E M B Q H J
T V F A T J T P P N T C O L D Z S I W
N B F A K R C G X G A X Q R K L G T I
A X B G E N T H M T I L A I E A X E R
S B L T W M O H R X Z C R I J J P P K
W O N S M C K U O I Q N G E V X E Q O
P I T R E E T O P S S H T J D H U K K
W F J A A E L G N I J T L S O N E K J
Y L L I H C B U U O B M H T K O L Z
L E L Y C E H O L I D A Y A V S E W J
D A Y S L S T A G F G X R Z S E R F E
U R K L I O Z H G L M N H K T K E O G
N K S A V F H Z G F I Z I Y N A X A W
Y H G V Z P X E P I Q S L M N L L S C
E S Z G W U A L U Y R L T K A F F N I
O E C H I L D R E N O B L E D E D B P
D E A M P D L W X H P O Z X N M R K P
A R M C Y A D Z U P S W I J F T U D C
```

Wonderland	Bright	Days
Snow	White	Holiday
Dreaming	Christmas	Santa
Treetops	Card	Flakes
Sleigh	Glisten	Winter
Bells	Children	Chilly
Merry	Holly	Cold
	Jingle	

WINTRY FORECAST

```
T V F W I N T R Y M I X N S H R Z N P
C S O O J K V Y B O I E N O Z R Y H M
G N O I J U R V G Y Z O V V G K G B O
K N A R T F I K S O W Q M P F R R L M
V Y C N F T A X R F I K K C O Z T W R
R F Q O A M E F L O G A Z E H J N S O
G O S I V C I A L E H P C N D Q M Q T
S N R T I B K A X F M T O Y D F M C S
S P I A M E X E N T B K Y W P Q Y R W
J J R T S C H H Z N V A X C D J W J O
S G E I S K C A V A L A N C H E X U N
Y N W P X U R S J D B V Z V V R R V S
R I O I E R D Q J T L C S Z A A V Y V
R D H C W Q P K E G I U T L H E A V Y
U N S E K N Y K T D Z Q E H U T A F B
L O S R E C N D P O Z U E M Y S H L X
F Q K P V A G K Z L A L L R A K H A V
V J D P L S B B E M R G S B R Q X Y W
I R A B I V D J U Z D M M N U F X L E
```

Flurry	Precipitation	Onding
Snowstorm	Ice	Shift
Snowflakes	Wintry Mix	Dusting
Slushy	Black ice	Blanket
Blizzard	Avalanche	Frozen
Frozen	Frost	Powdery
Sleet	Shower	Heavy
	Thaw	

WINTER WONDERLAND

```
A U F V T H A P P I N E S S B Y G R P
K Y D N Q P N C O O K I E S X Y Z K J
G V E N D H E L M R B C X B O R T F N
Y D R O X P E I X X S I L V N E I B T
H G W P M Y R C C Y C Q C M J K O M X
B T M N D G G F A W I J N E L C W Y C
M K Y C O C R D S O Q E R Y R A T S N
V G S G G A E S L N P X L Y E R X A S
C W T L S V V P S S N V F A Q C T N T
H R E F L B E R W Z L Q H B L T I T O
R D E E E P E B S E V L E Y U P A C
I I W E D R F B X X X V X I R N A C K
S T S T D Y A M O Y H C S L U J D L I
T H H G I N M E G G N O G Y D X V A N
M L Z Z N C I C K I Z X R W O U E U G
A V F F G V L E H P T D A M L Q N S S
S P P V N T Y D R E R F Y Y P K T P V
P U S L I P P E R Y E A N A H Z B M T
F I R E P L A C E S C R A A H R V A P
```

Cheer	Dog Sledding	Elves
Happiness	December	Santa Claus
Snowy	Twelve Days	Slippery
Fireplace	Christmas	Eggnog
Stockings	Evergreen	Red
Sweets	Advent	Reindeer
Cookies	Nutcracker	Rudolph
	Family	

WISE MEN STILL SEEK HIM

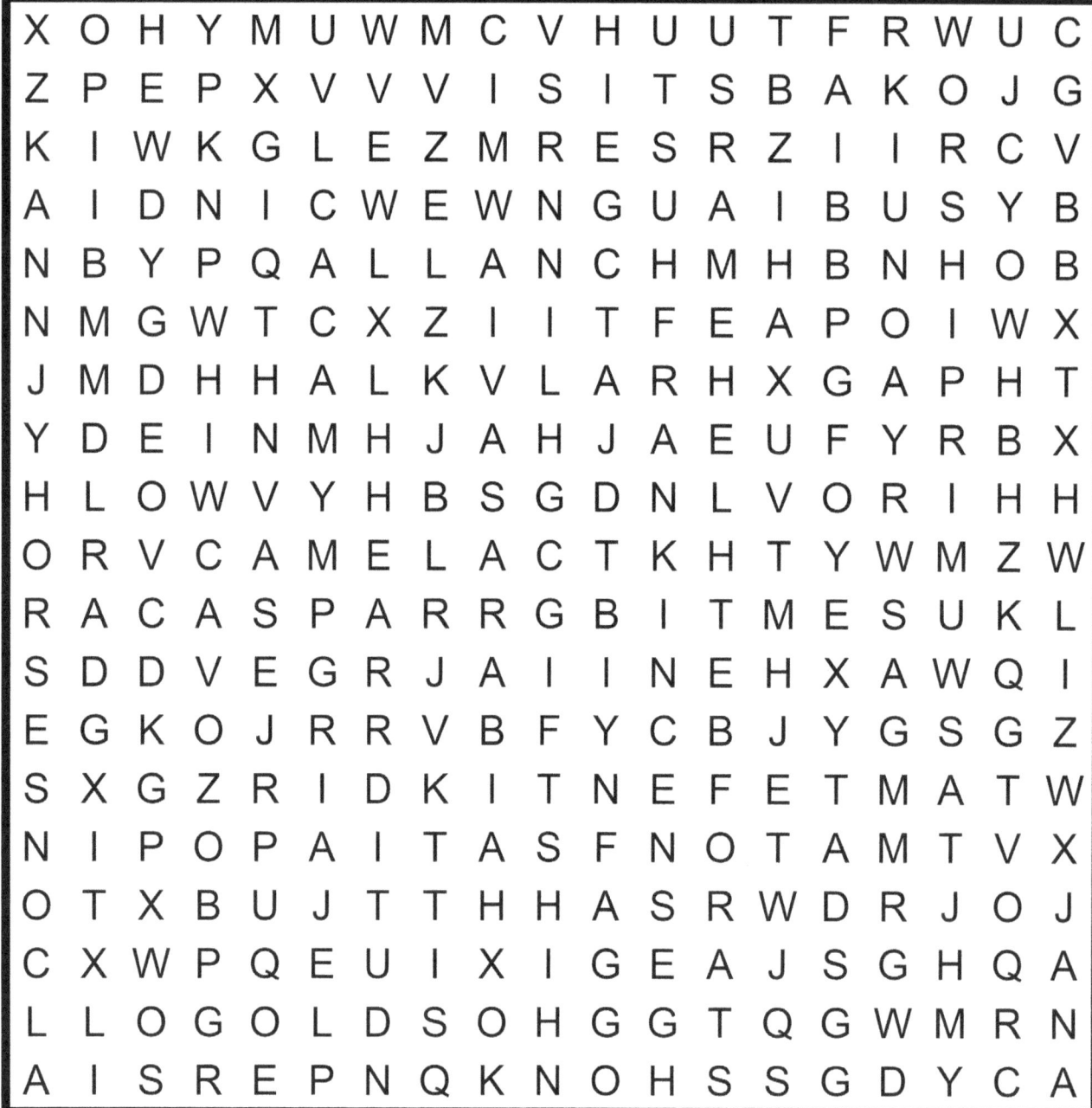

X O H Y M U W M C V H U U T F R W U C
Z P E P X V V I S I T S B A K O J G
K I W K G L E Z M R E S R Z I I R C V
A I D N I C W E W N G U A I B U S Y B
N B Y P Q A L L A N C H M H B N H O B
N M G W T C X Z I I T F E A P O I W X
J M D H H A L K V L A R H X G A P H T
Y D E I N M H J A H J A E U F Y R B X
H L O W V Y H B S G D N L V O R I H H
O R V C A M E L A C T K H T Y W M Z W
R A C A S P A R R G B I T M E S U K L
S D D V E G R J A I I N E H X A W Q I
E G K O J R R V B F Y C B J Y G S G Z
S X G Z R I D K I T N E F E T M A T W
N I P O P A I T A S F N O T A M T V X
O T X B U J T T H H A S R W D R J O J
C X W P Q E U I X I G E A J S G H Q A
L L O G O L D S O H G G T Q G W M R N
A I S R E P N Q K N O H S S G D Y C A

Magi	Arabia	Birth
Gifts	Persia	Adoration
Gold	India	Visits
Frankincense	Camel	Star of Bethlehem
Myrrh	Horses	Melchior
East	Kings	Balthazar
Worship		Caspar

74

WOMEN OF THE BIBLE

```
V P T H J T Y T L E H C A R E D F B S
X K C T P N G M W U X O U N F N A A A
Y B A I C Y O A P S J C F N N T R M X
G I M D Y U S H T E G D A X H A D I S
I W H U R Q O Z R X M O P S H J O T D
X H T J R E L U V J M R H Y M E Q J D
I I E M B E T X I I G E P P V Z R L G
T Z B E M H B S A W B Y Q K X E A J B
K F A O F R Y E E A O X Q D S B K G L
Z M S N P H L I K T E S U D F E F I I
U S I A Q G P X A M A V P M L G A D
Q W L A Q L V J U H H Z B P A S S M D
E Q E T F E Y N A L A A E I L W J V G
K S K W B A L R D U V B N C G Y A D K
M Y U K E H O K S K C F M N M A Z H U
D L B V E B Z Y J J P A P K A N I M R
J N E M E G R D O F R V G X X S V L G
F J H D O S J O N Y V V K G U U U S H
A I N U J M B W D A T E I I X I B S D
```

Susanna	Abigail	Junia
Rebekah	Bathsheba	Ruth
Elisabeth	Deborah	Leah
Eve	Ester	Mary
Hannah	Phoebe	Naomi
Jezebel	Judith	Rachel
Joanna		Sarah

WORDS FROM THE BIBLE

```
I A X A V F D K M S E D L O H E B G D
H U J U S T I C E X J R W P C T E Y U
P E X F N O H R I L N X D U Z X S X V
D X K M S S A L V A T I O N D E K C O
Z R U Y T H V W W W K G E M I C N L N
G D B Q N E I G H B O R O A K N O K E
M A E R D P Y E P P P L U T C A W S R
G O J S L S J G L Z V L I Q S D L T D
U L U K L Y E H Z D X J E R M N E E L
Y C P I A O S L J Z S R A A O U D P I
T N Y L I E A B P U L L H T S B G M H
S C A R R Y I N G I L H H Y C A E U C
E Z I F Y Q W J A I C I V H N J N R S
V X E Z N U R V P F N S Y O R G Q T T
R R O F I X E C R D E L I V E R E D H
A G E N E R A T I O N N W D P V V O R
H C H K P Q N Z U B T S V Q V F X H O
P R E C I O U S Q E E B V B N L P S N
A Q A B F M R B D P X U A O G M A I E
```

Children	Carrying	Anointed
Generation	Pillars	Throne
Dream	Behold	Harvest
Disciples	Neighbor	Abundance
Salvation	Precious	Shields
Prevail	Justice	Pleasant
Trumpets	Refresh	Knowledge
	Delivered	

PSALM 97

```
M F Y E L D N T N E R C A T H A N K S
J G L A D N E S S D N E M N U M G S A
A Z Z S H V X K Z P Y W J S H Z Y G A
M U F X N K M T C T M P Q O G A X B W
X X E J E I M E L I X A L H I A U I X
H A B I T A T I O N W I R G V C H T B
R T E O Y O G S O F N J C V Q J E N U
I U R S L U O S O E E S J E E P V E K
G R Z E L Q R V S J S J Q H N L S M E
H P C Z M Z S S X X K D X H N Z X E C
T T A H P B G D C E L Y A S P H O G N
E X Y W M W L V K Z U P R I G H T D A
O Y Q A A I E E J T R E H O D L T U R
U M U L T I T U D E T H V E L R E J B
S R I J P X W T Y H P Y T O A G M W M
N T N N U U B Y G M N L N E B H Y V E
E J O Z K K Q U B A A O H J G A B P M
S N B I L S A R B X R F L T C U K V E
S N Y T W D G D E N E T H G I L N E R
```

Trembled	Above	Thanks
Rejoice	Exalted	Remembrance
Multitude	Upright	Souls
Righteousness	Heart	Wicked
Judgement	Marvel	Gladness
Enlightened	Daughters	Holiness
Glory		Habitation

Solutions

for pages 3-6

Abide in Christ

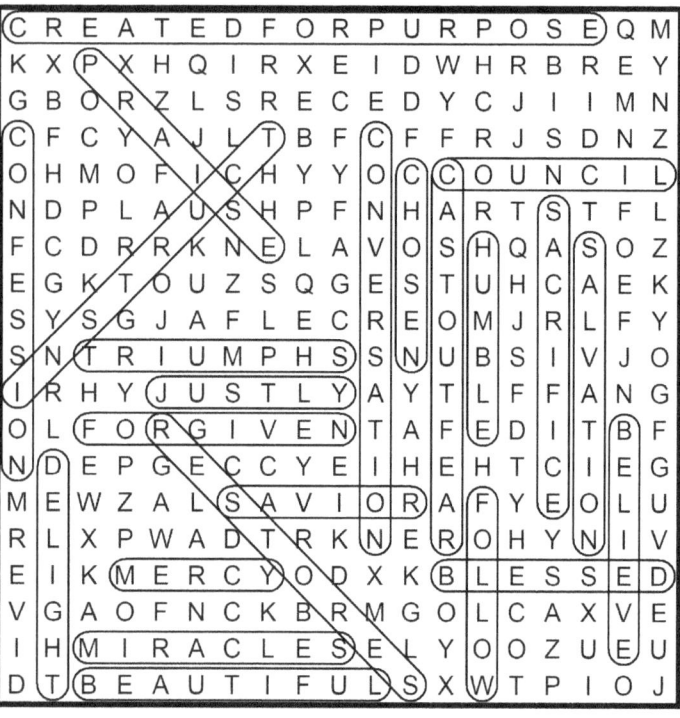

Advent

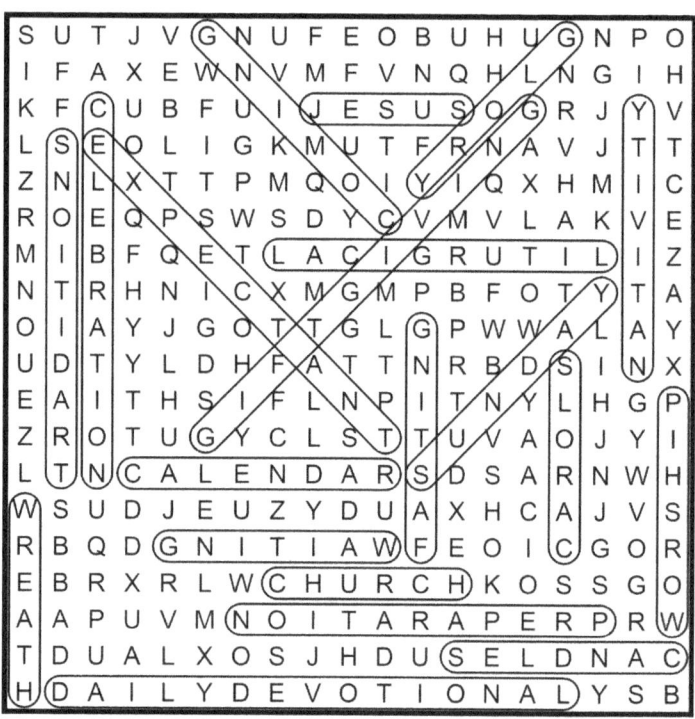

Animals in the Bible

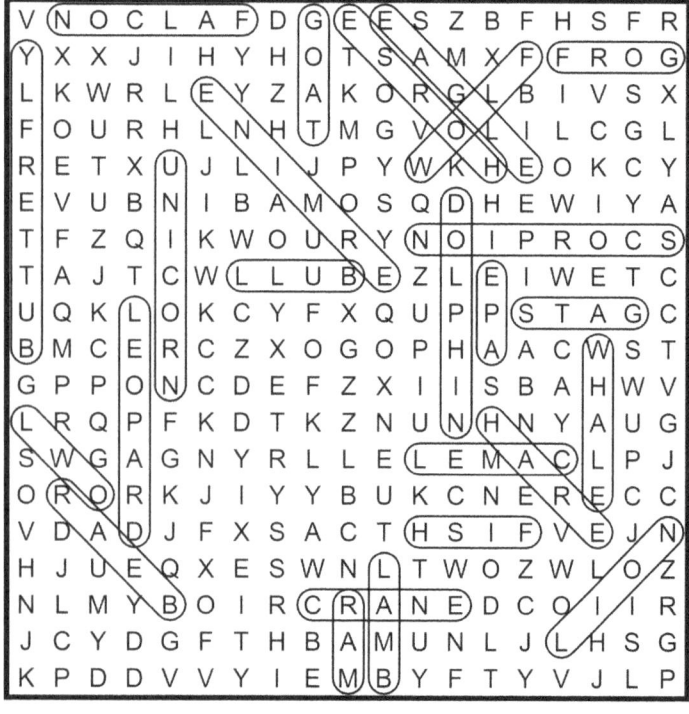

Artifacts of Religous Art

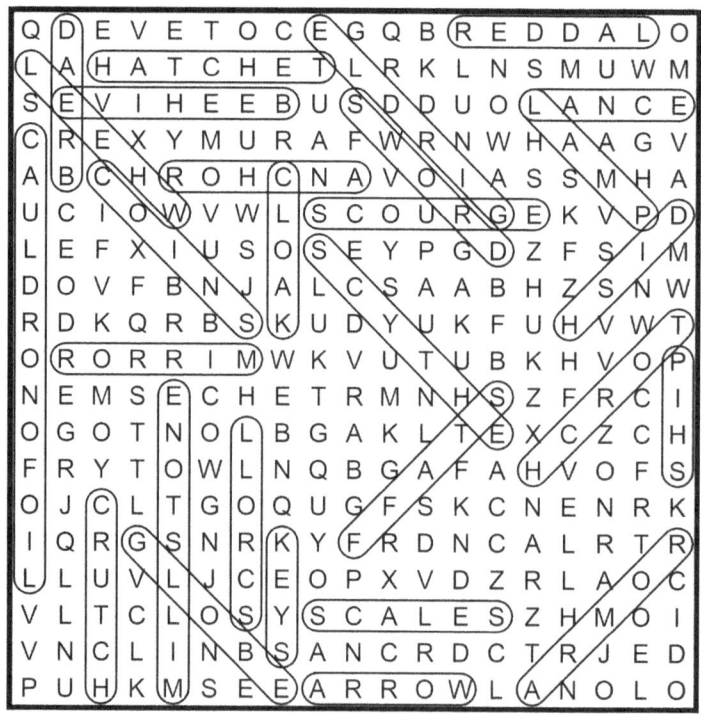

Solutions

for pages 7-10

Be a Light to the World

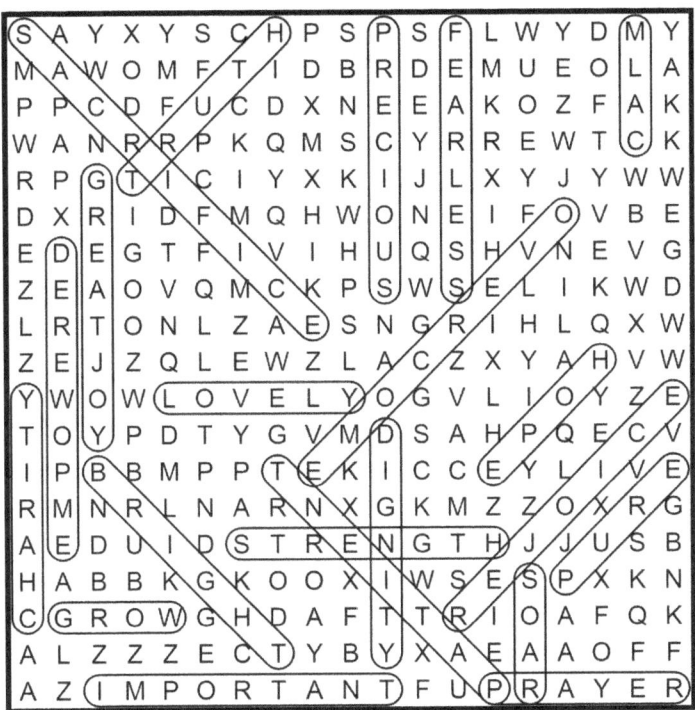

Bees

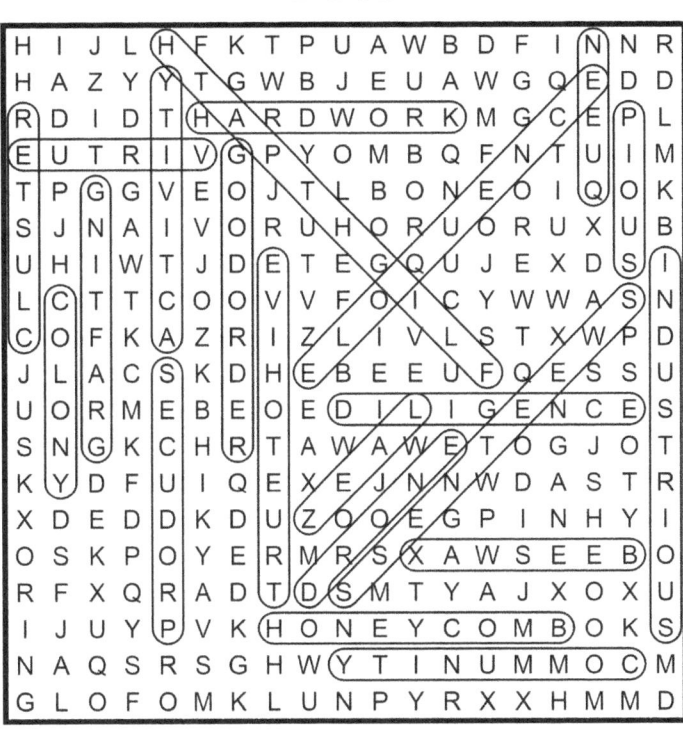

Beginning to Look a lot Like Christmas

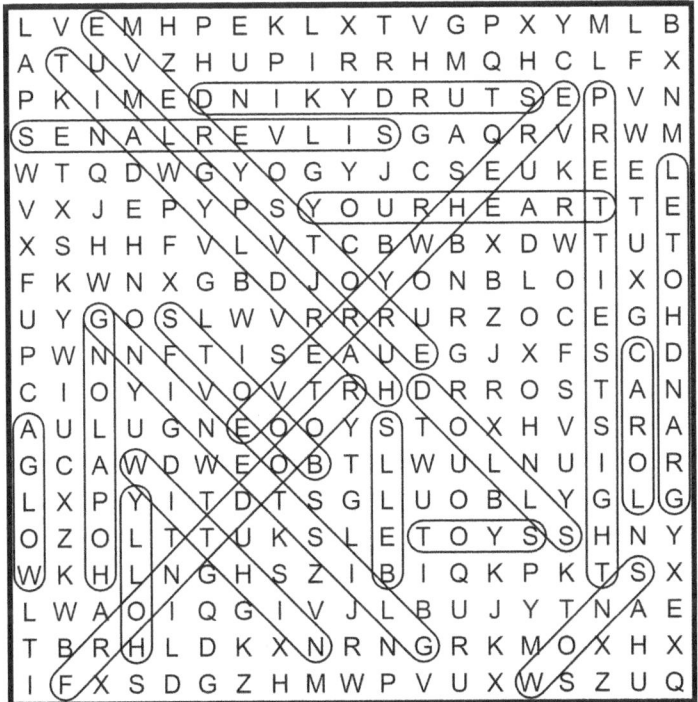

Biblical Places

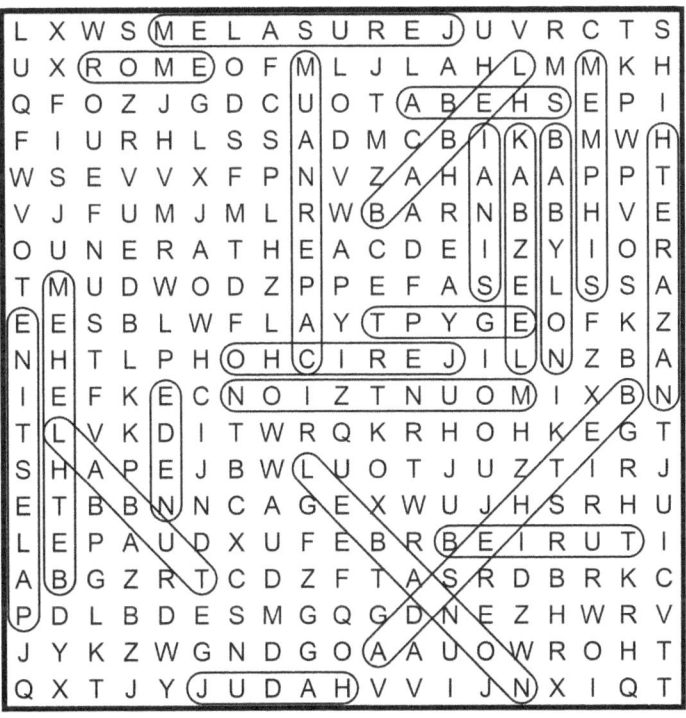

Solutions
for pages 11–14

Birth of Jesus

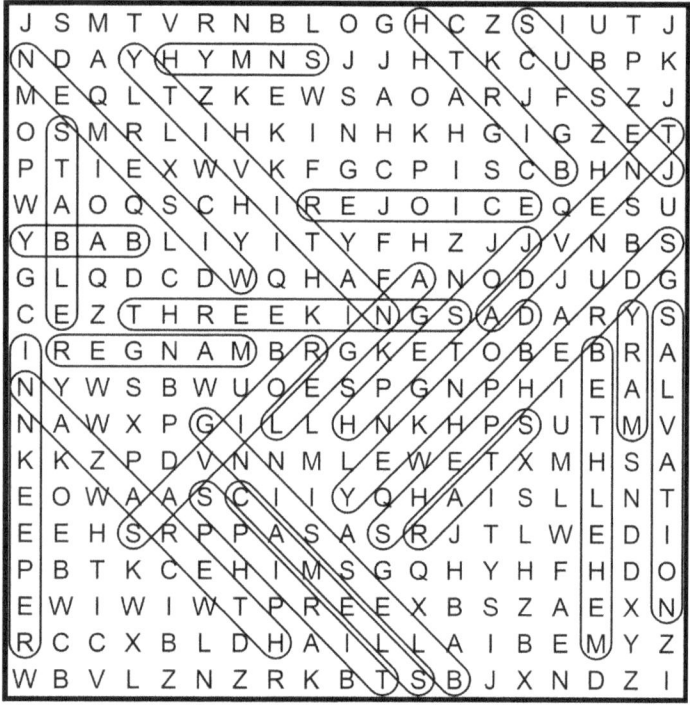

Books of the New Testament

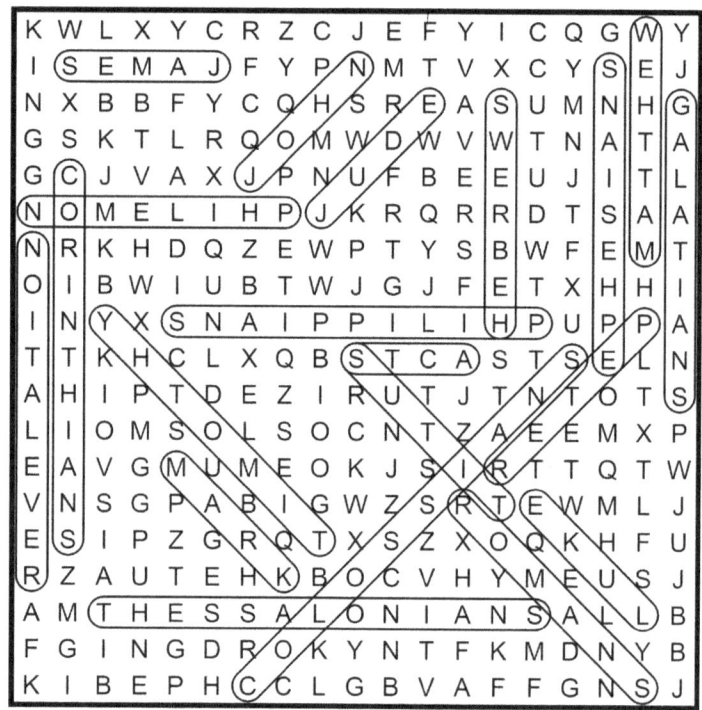

Cathedrals

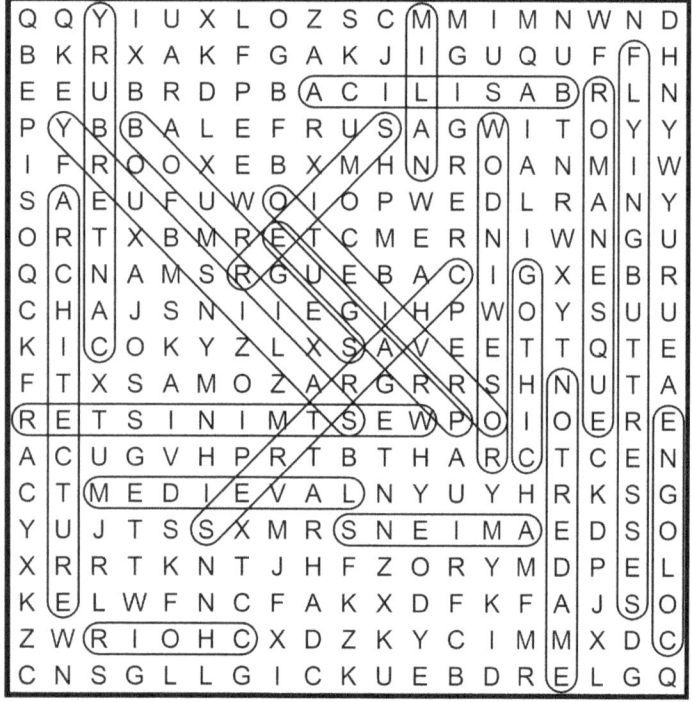

A Child is Born

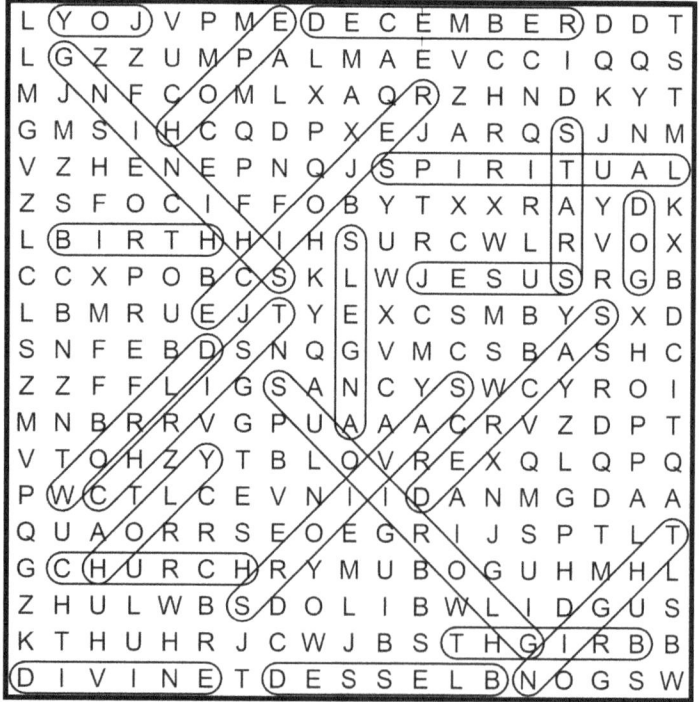

Solutions
for pages 15-18

Christmas Morning

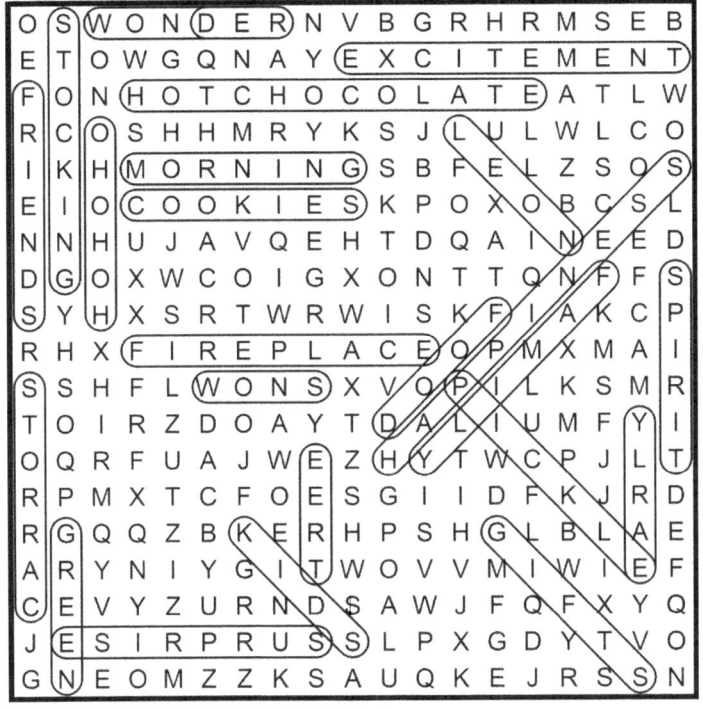

Christmas Songs

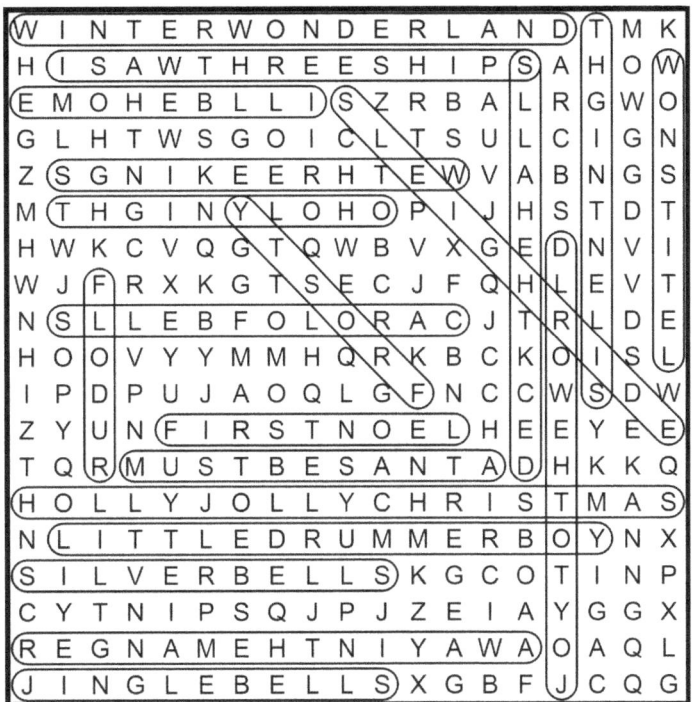

Cozy & Warm

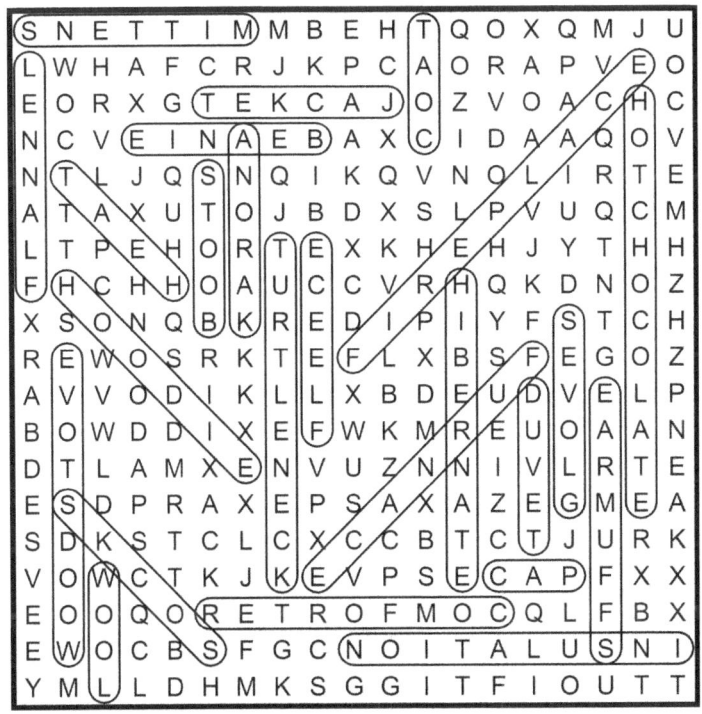

Deck the Halls

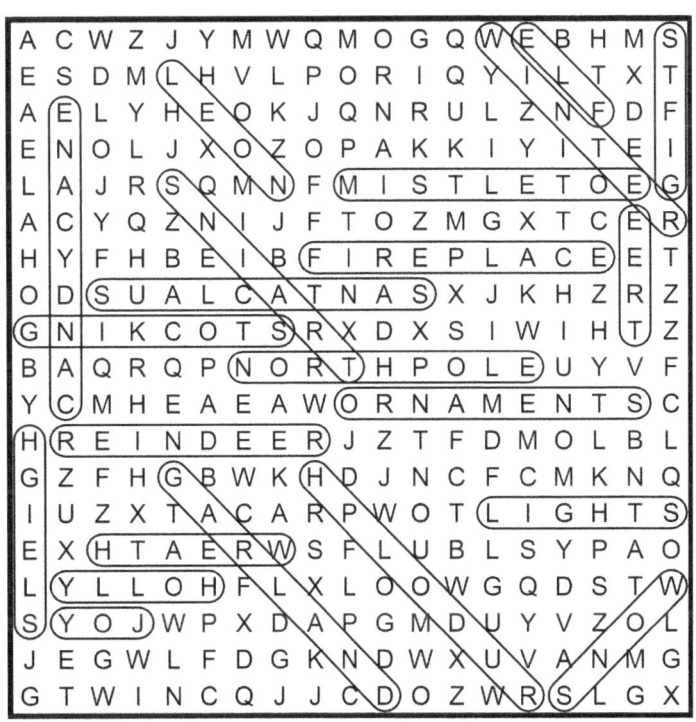

Solutions

for pages 19-22

Dove

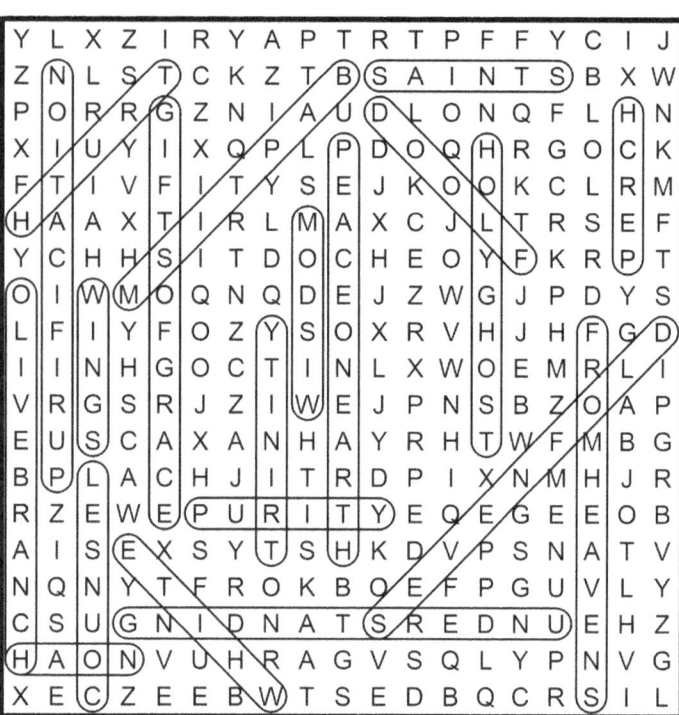

Little Drummer Boy

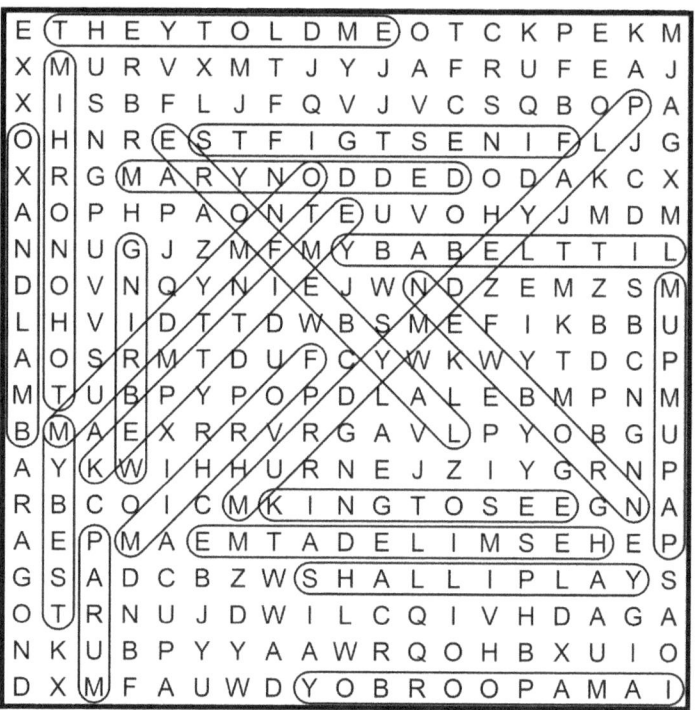

Evangelist

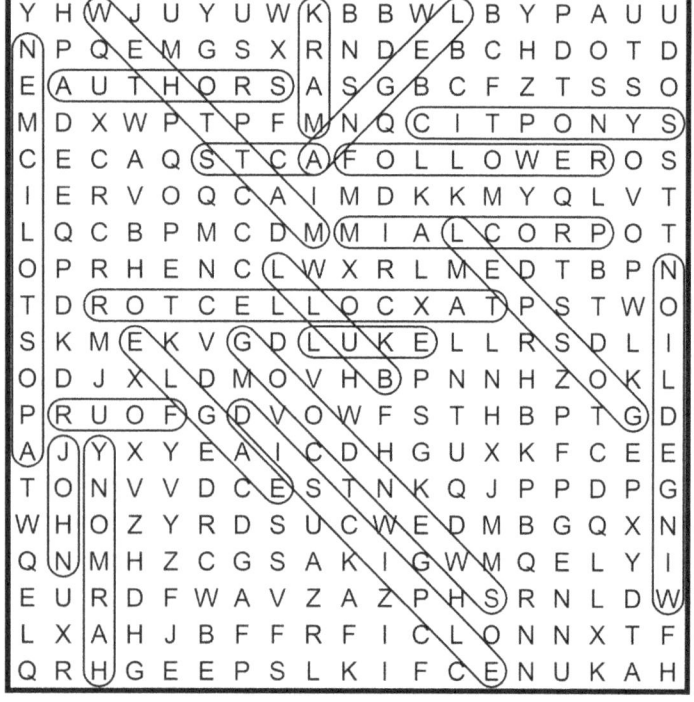

Faith of Our Fathers

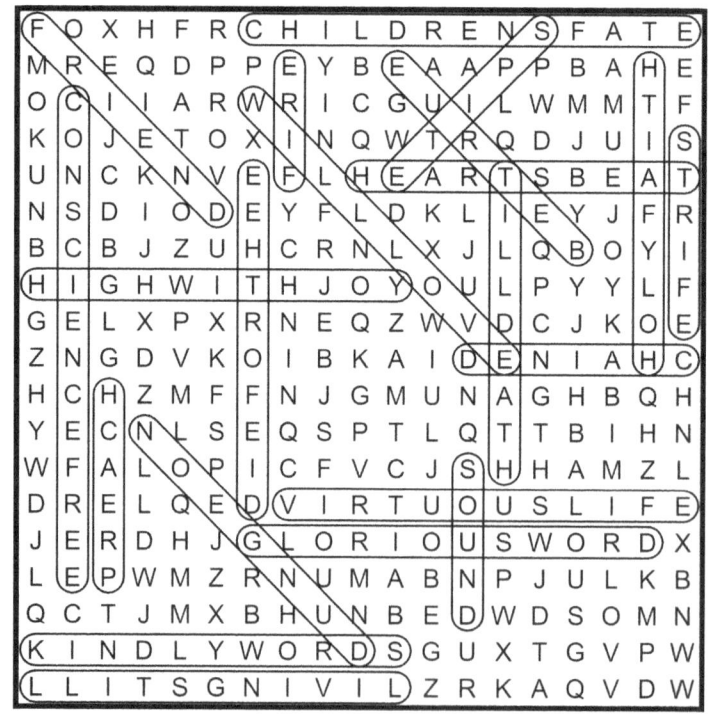

Solutions
for pages 23-26

Feasting

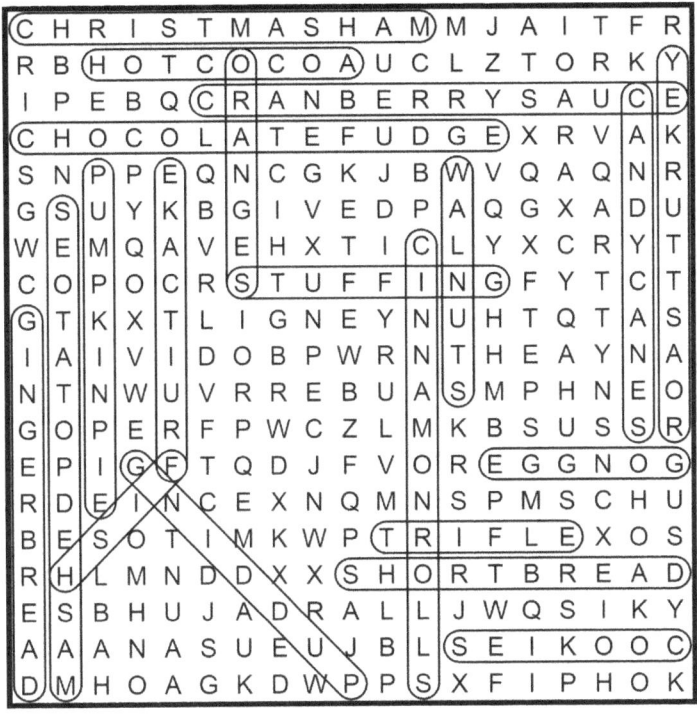

Festive Greenery

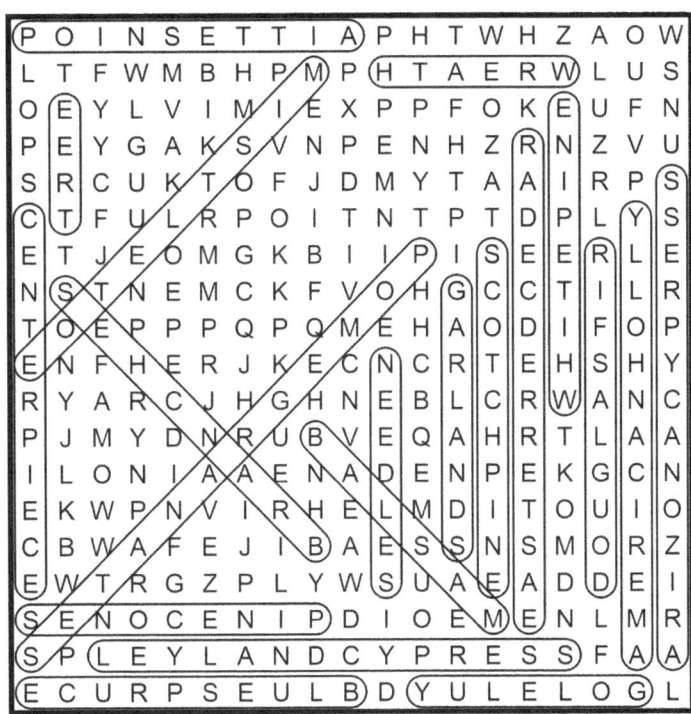

Fireplace

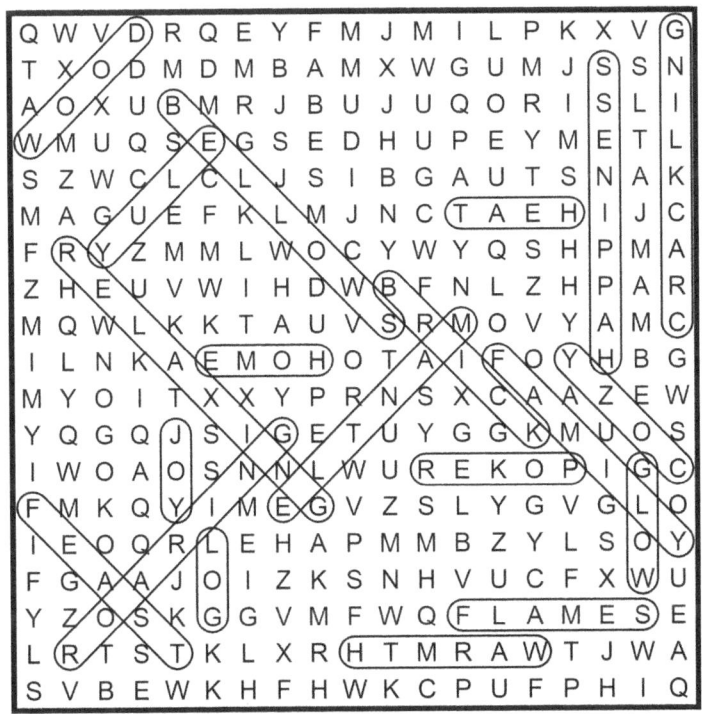

Fun Traditions

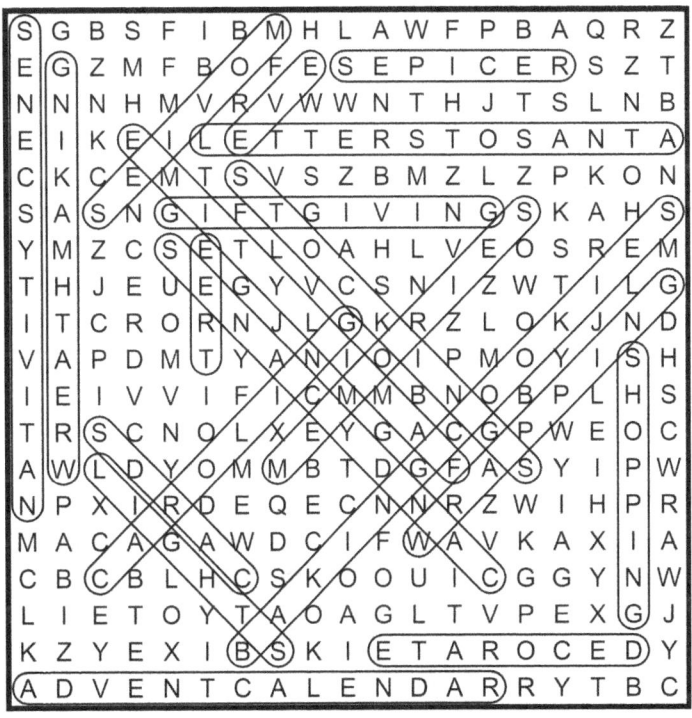

Solutions
for pages 27-30

Gemstones in the Bible

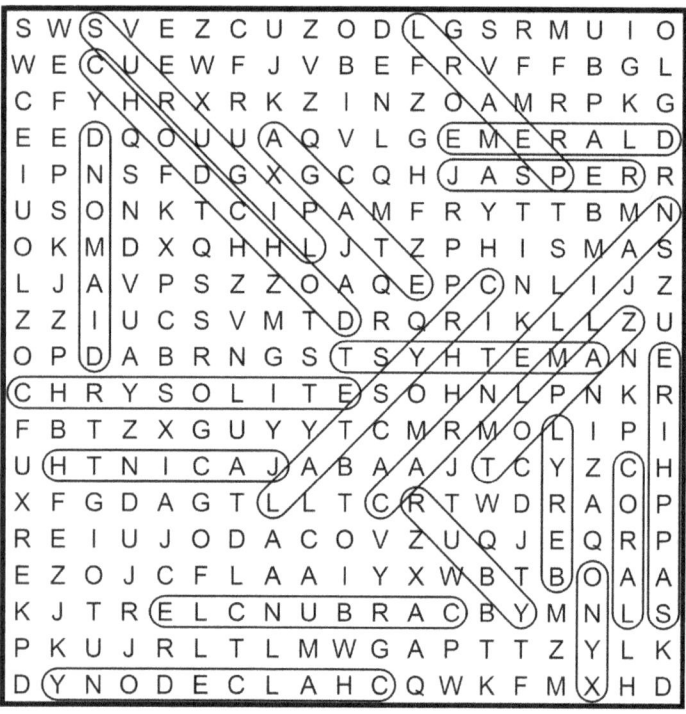

Gingerbread House

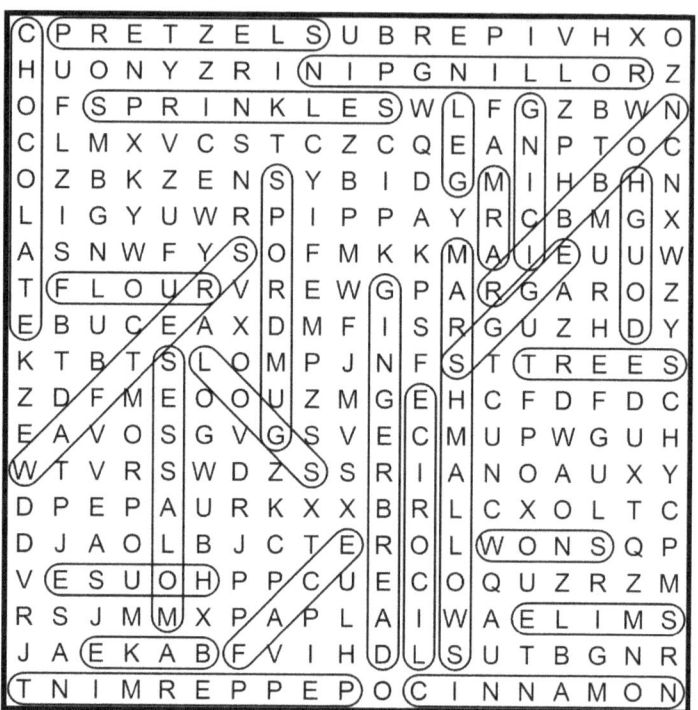

God's Plan

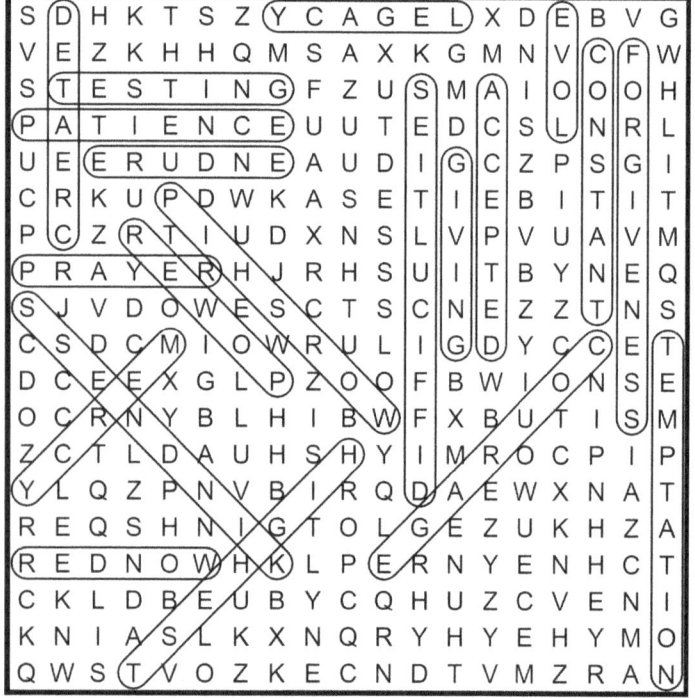

Hark! The Herald Angels Sing

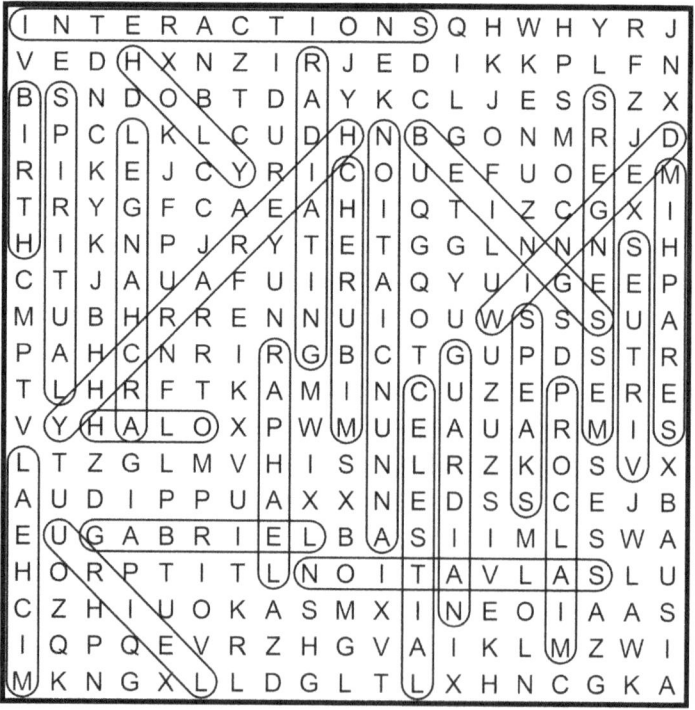

Solutions

for pages 31-34

Holiday Clothing

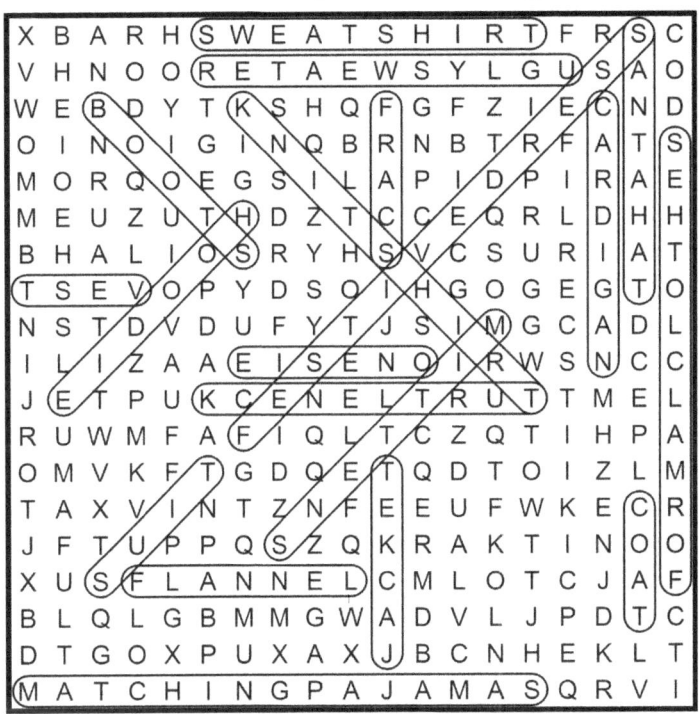

Holly Jolly Plants

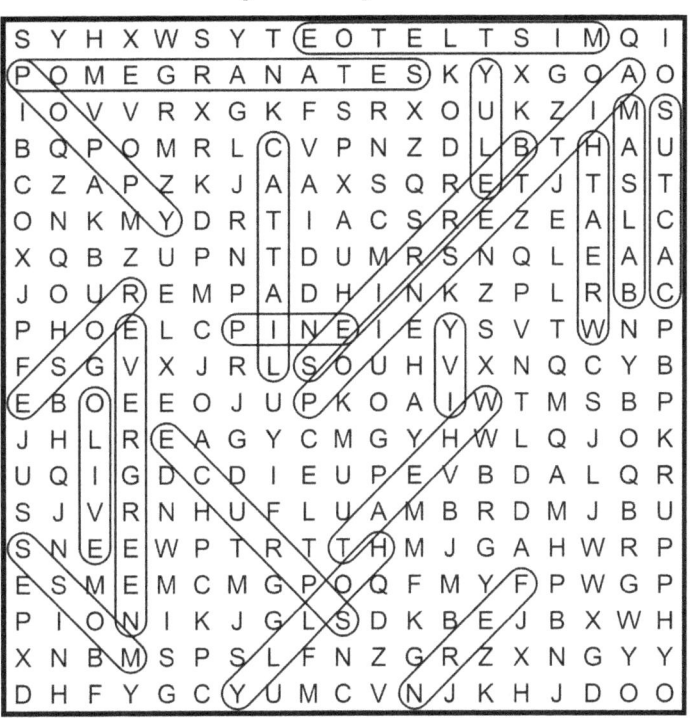

Holy Garb

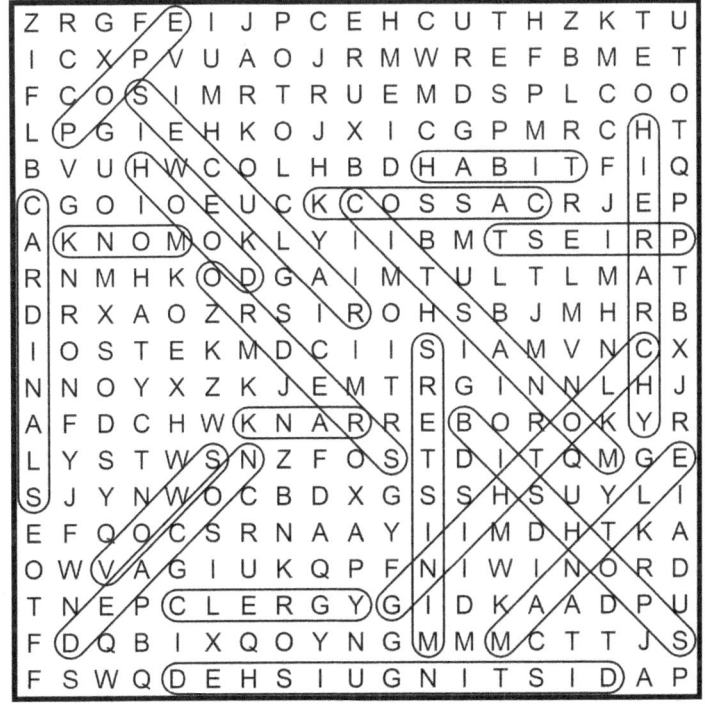

Ideal Monastery

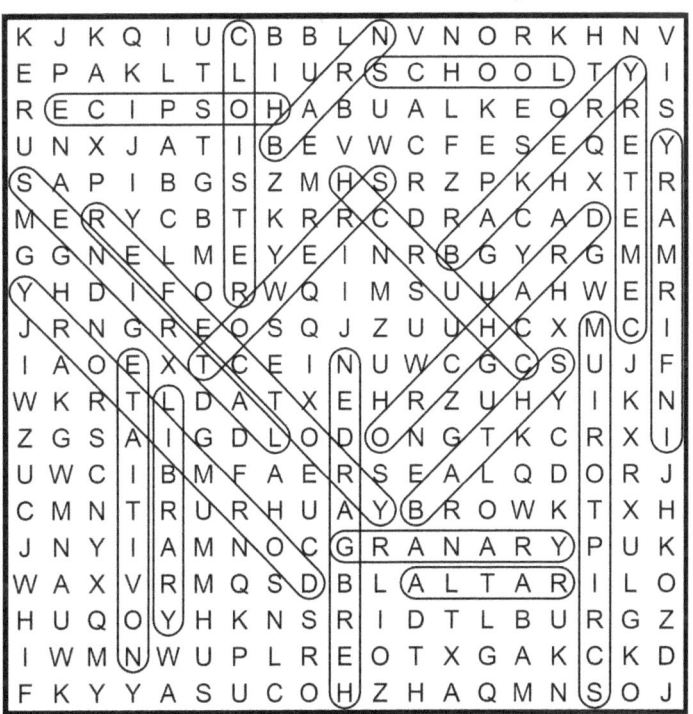

Solutions
for pages 35-38

Illuminated Manuscripts

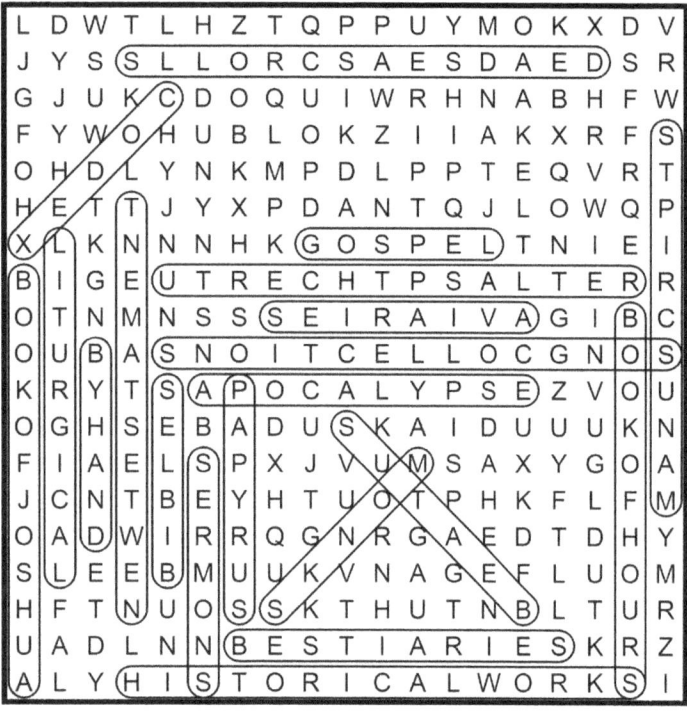

Joy to the World

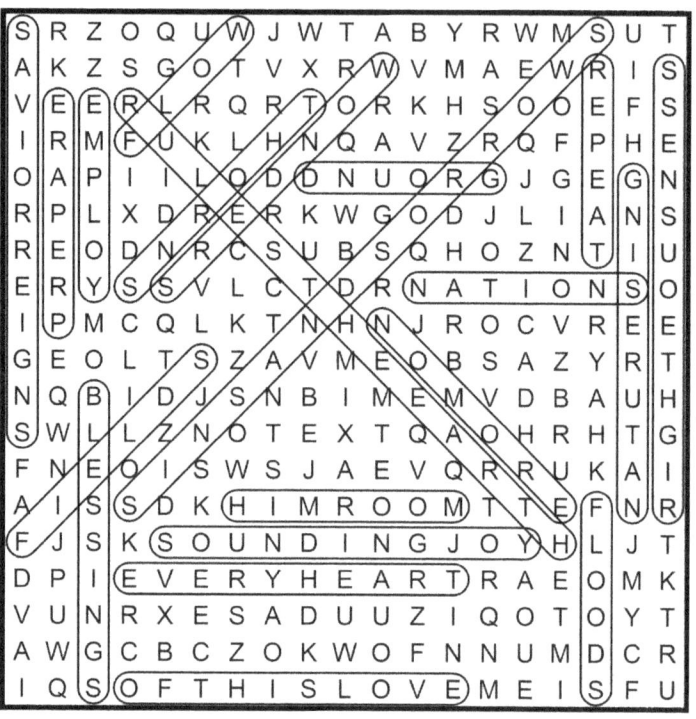

Lamb of God

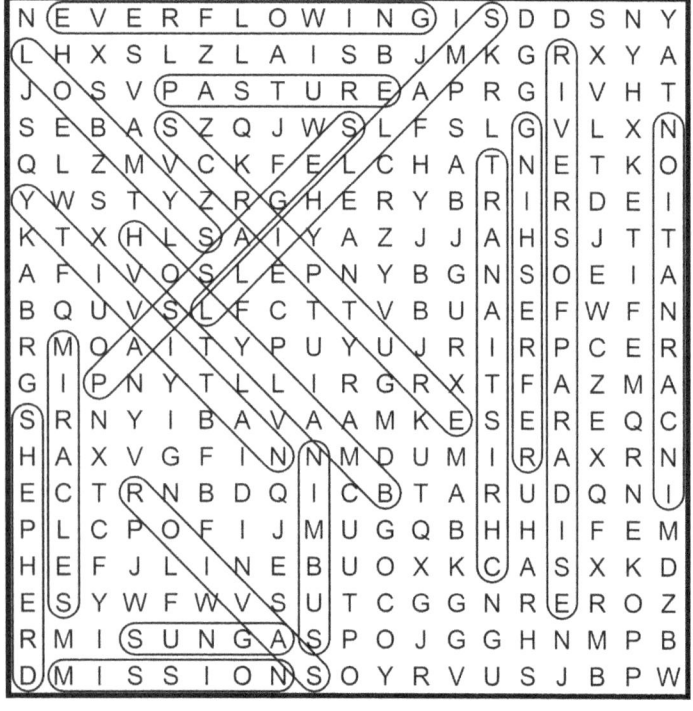

Let Earth Receive Her King

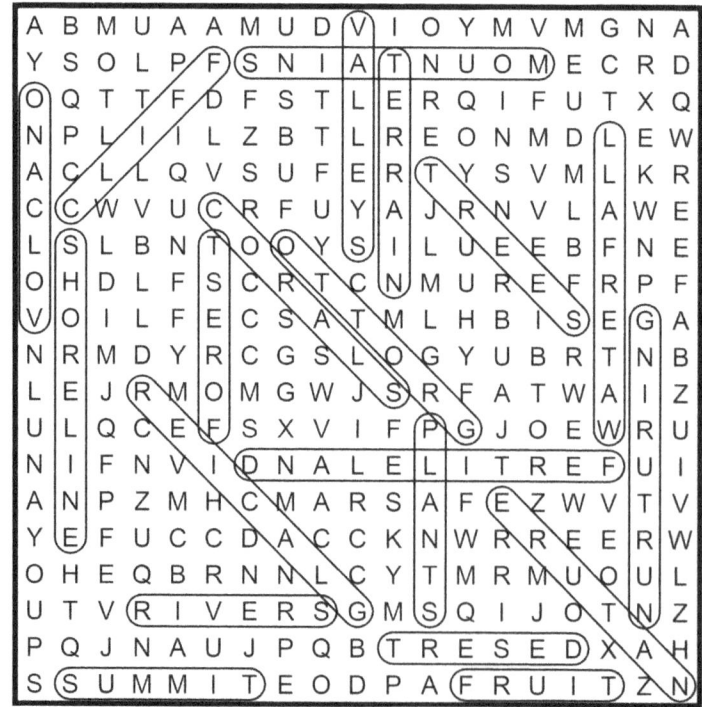

Solutions
for pages 39-42

Life of Christ

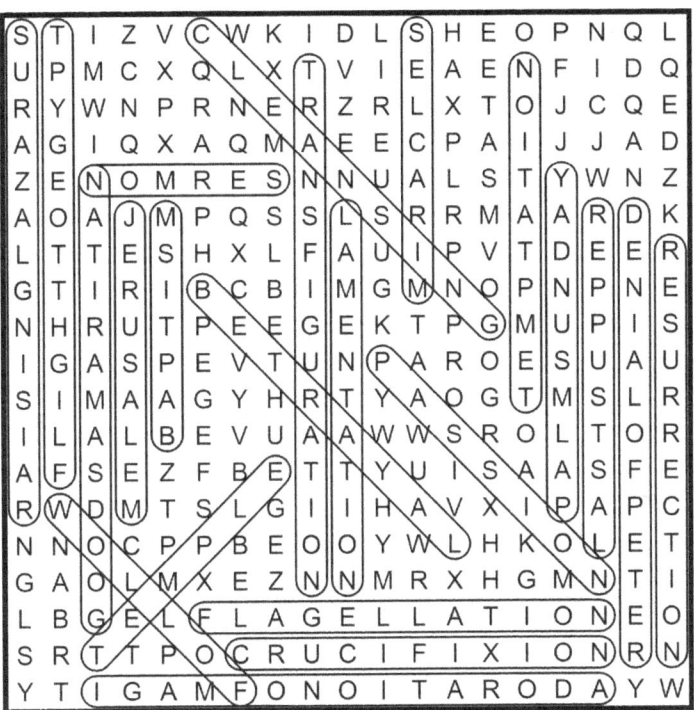

Madonna

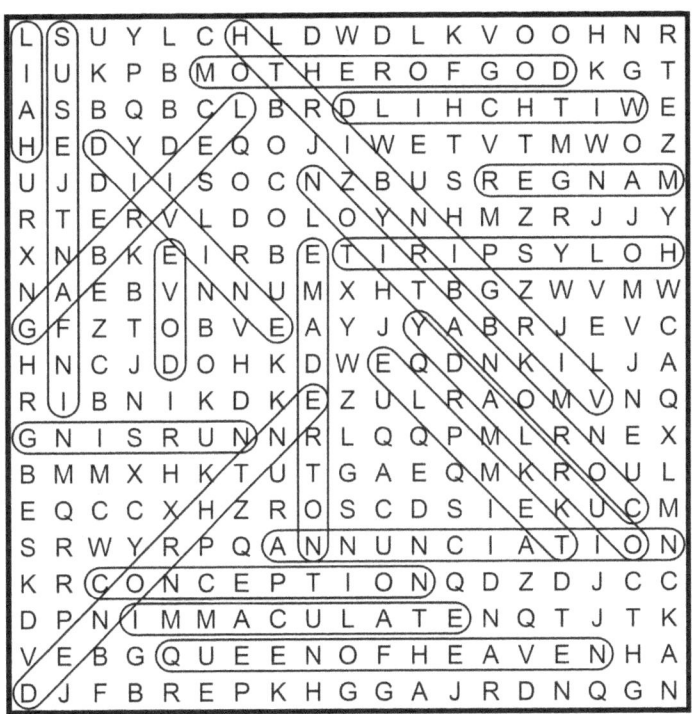

Men in the Bible

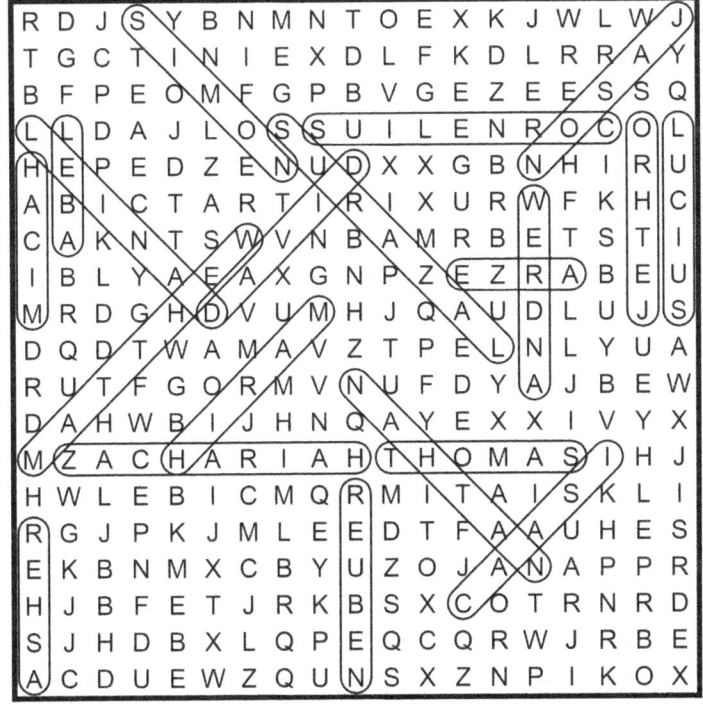

God Rest Ye Merry Gentlemen

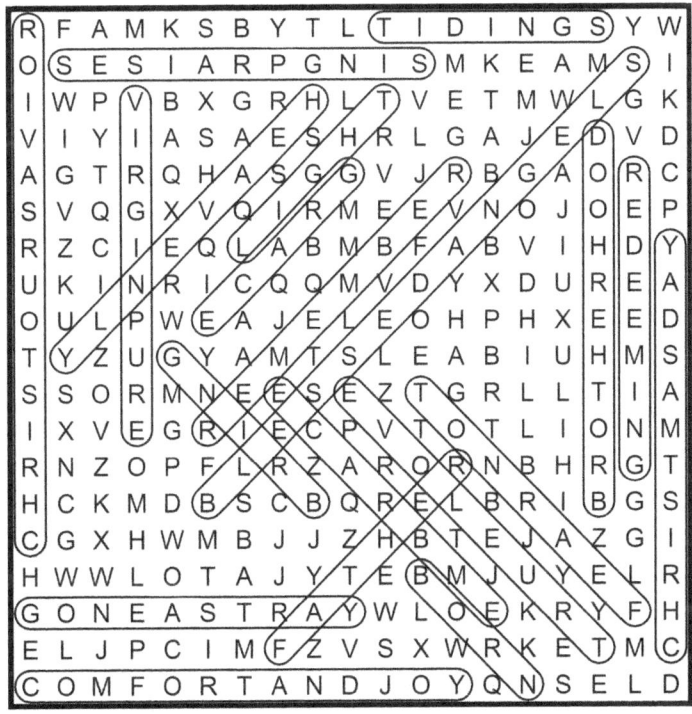

Solutions

for pages 43-46

Mighty Lion

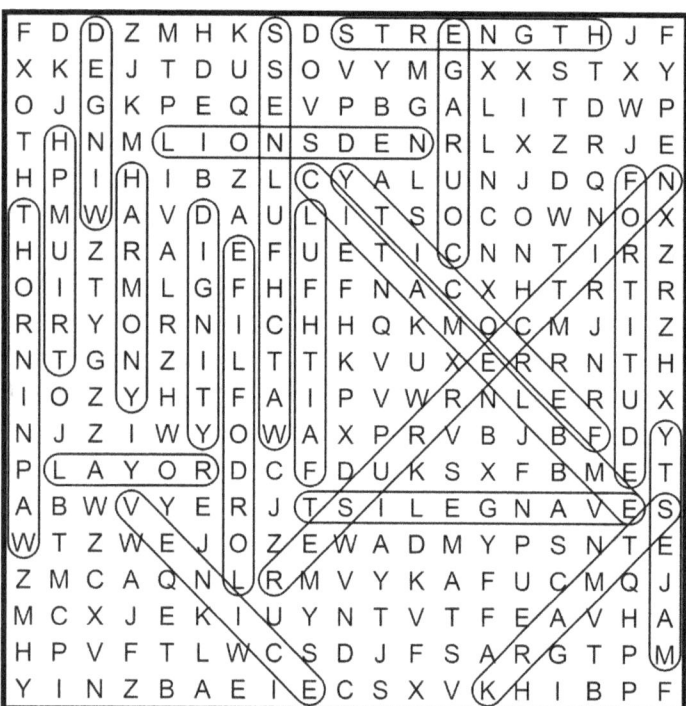

Miracles

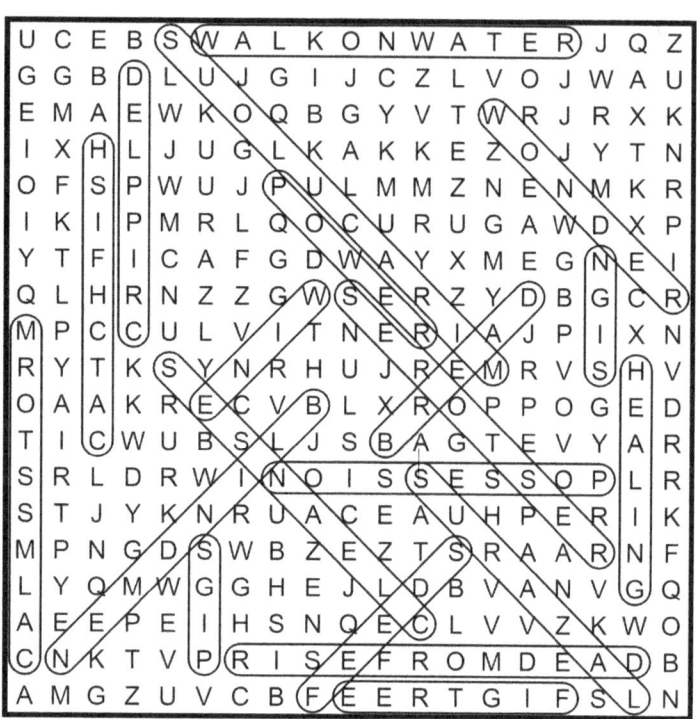

Mrs. Claus

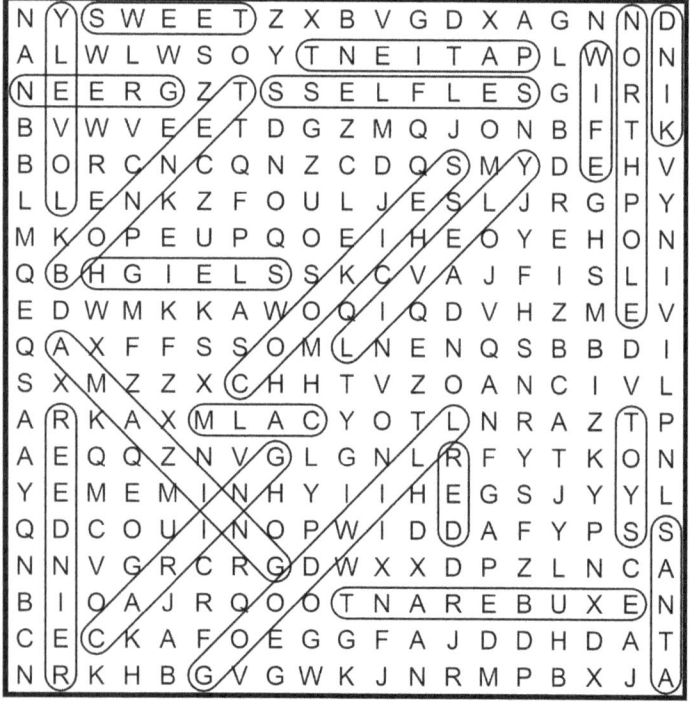

Names of Jesus

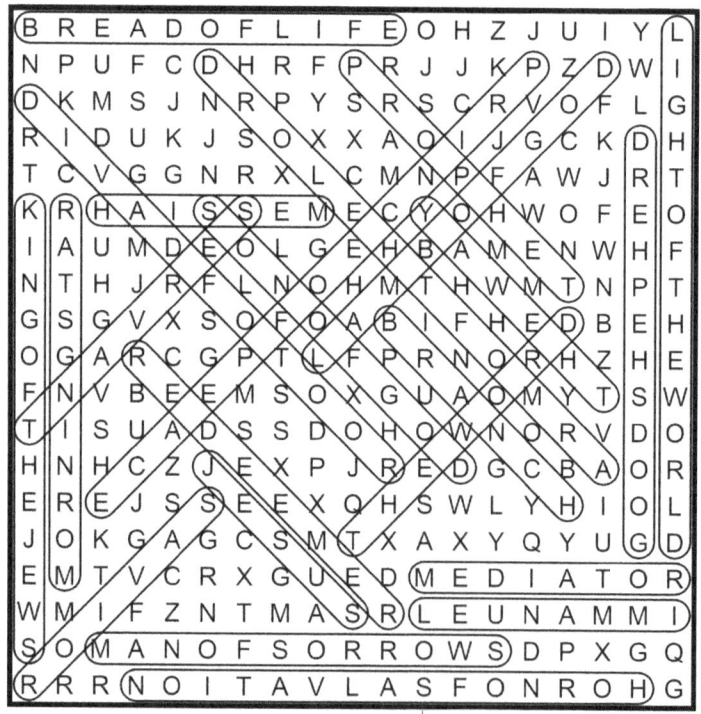

Solutions

for pages 47-50

Noel

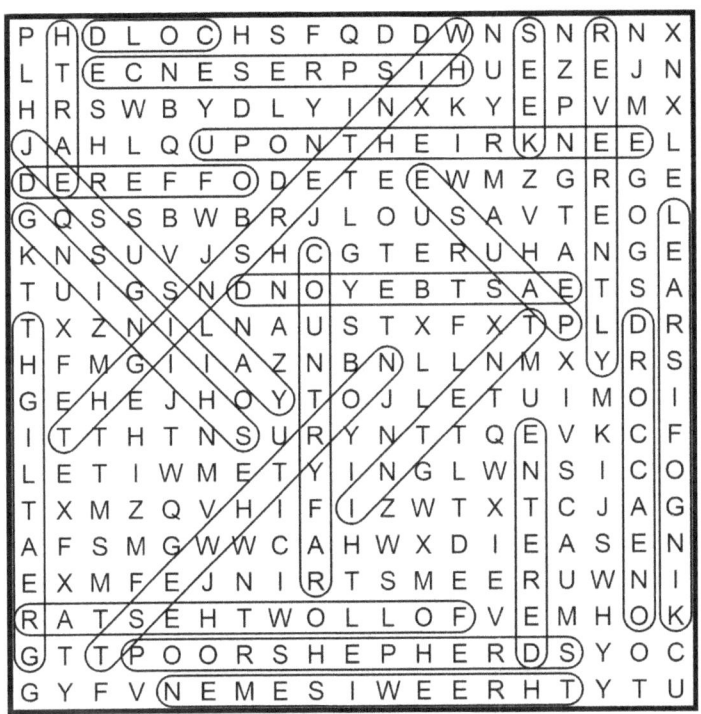

Nutcracker

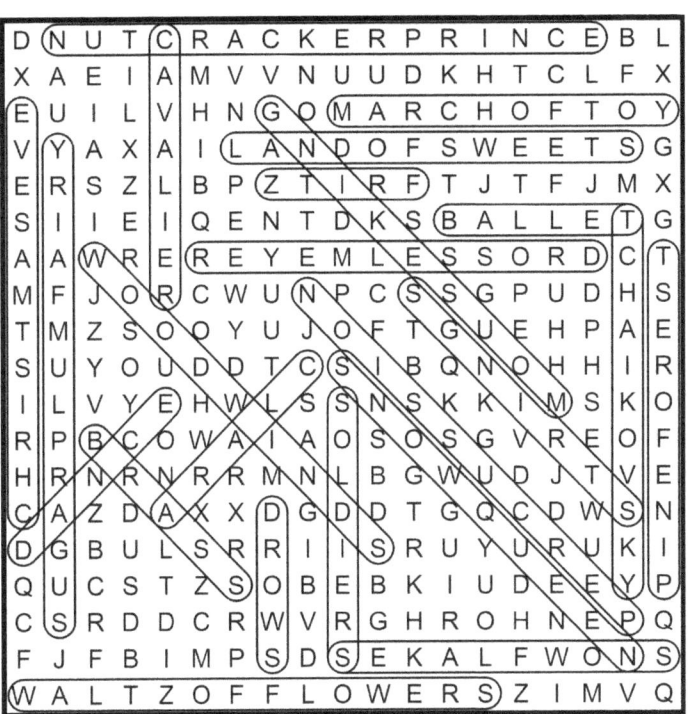

Oh Come Let Us Adore Him

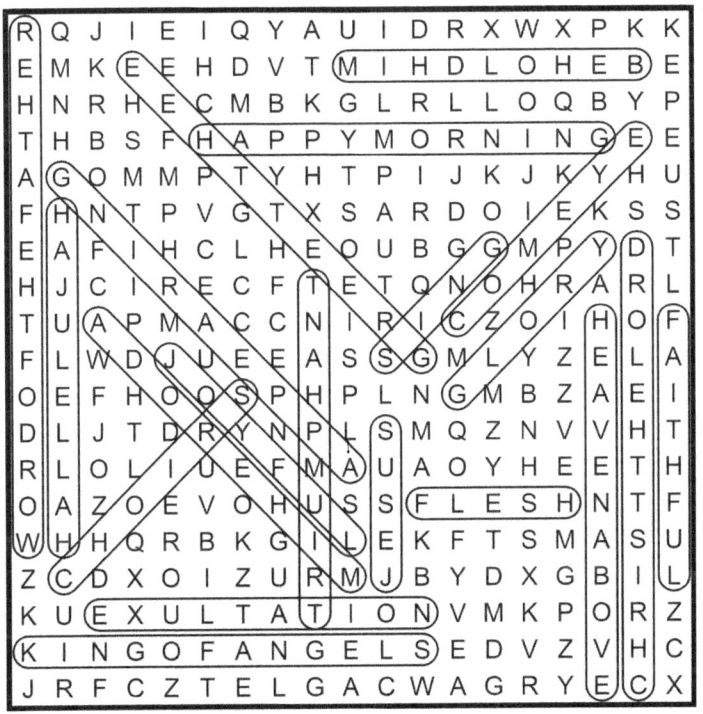

Of the Sky

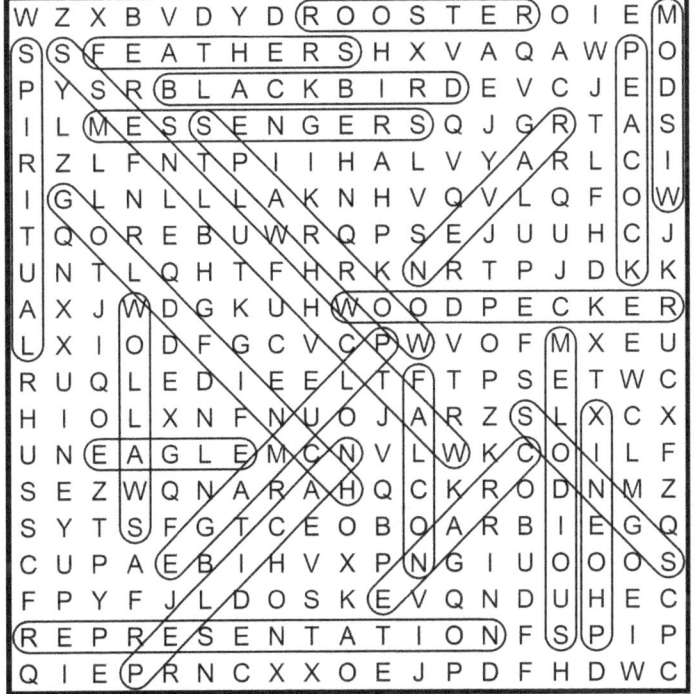

Solutions

for pages 51–54

Old Testament

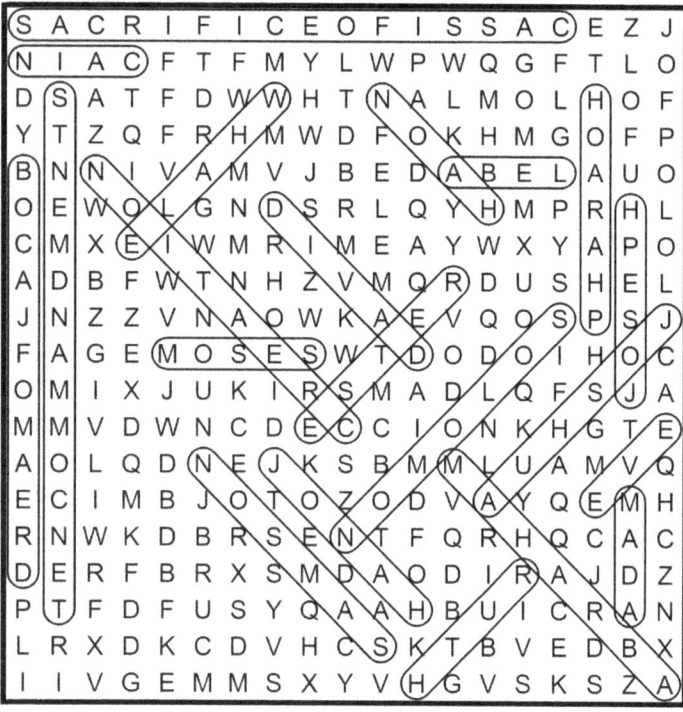

Plants of the Bible

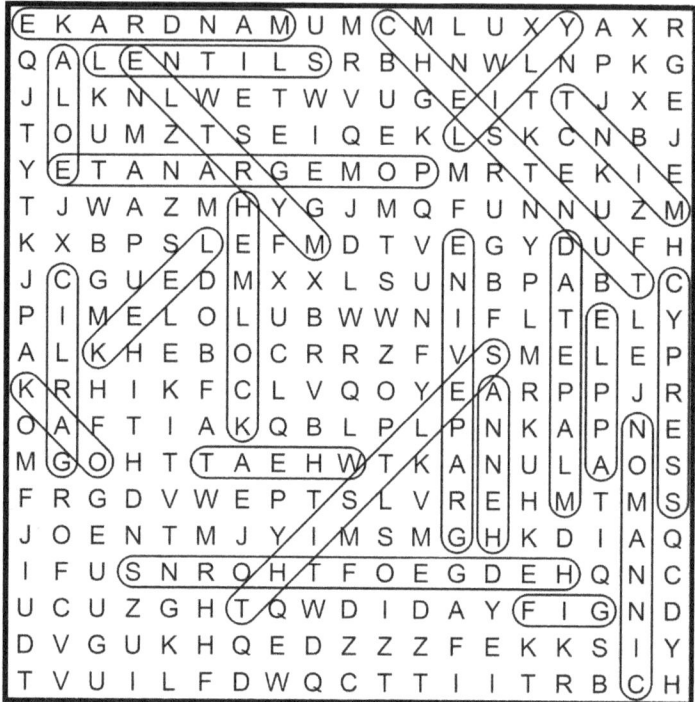

Religious Objects

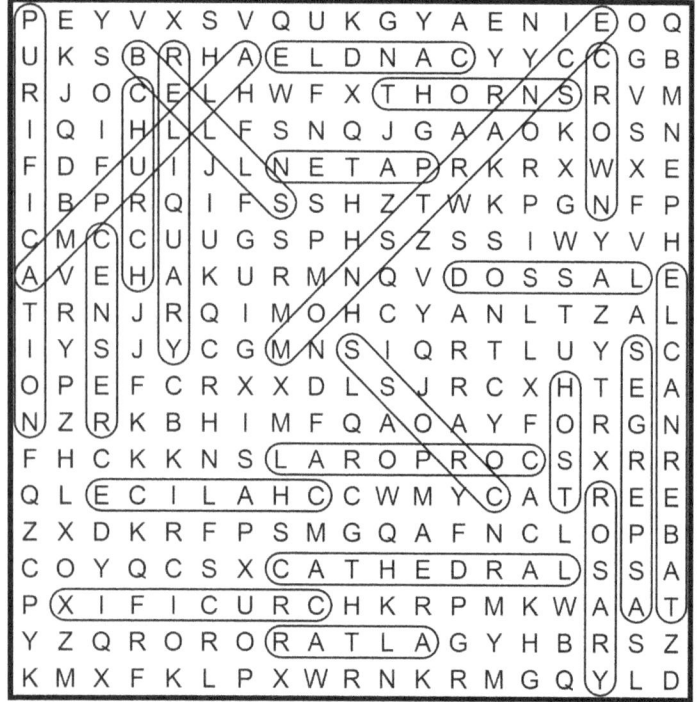

Rome

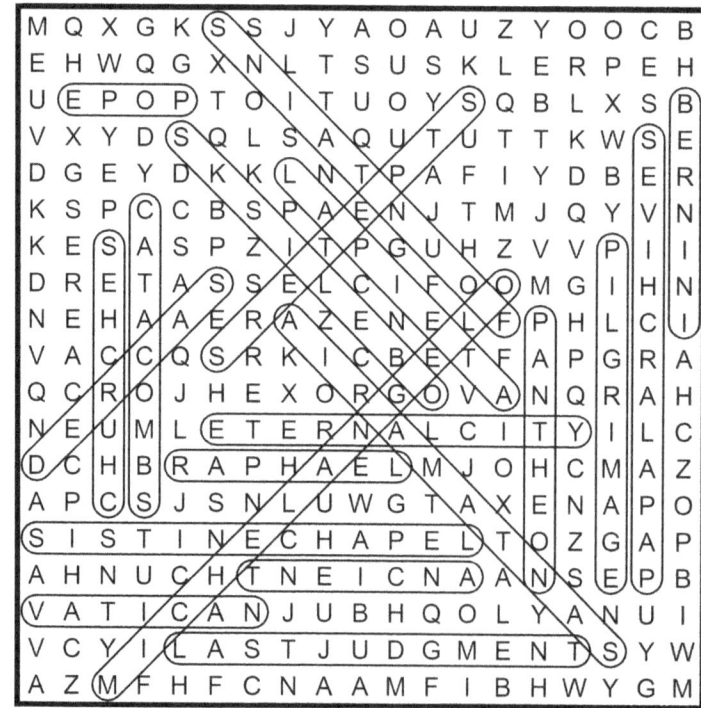

Solutions
for pages 55-58

Saints

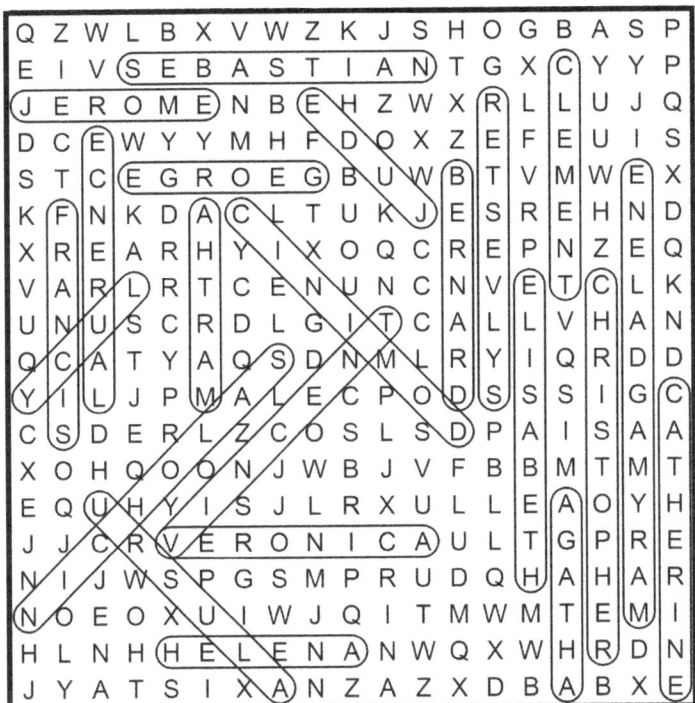

Saint Nicholas

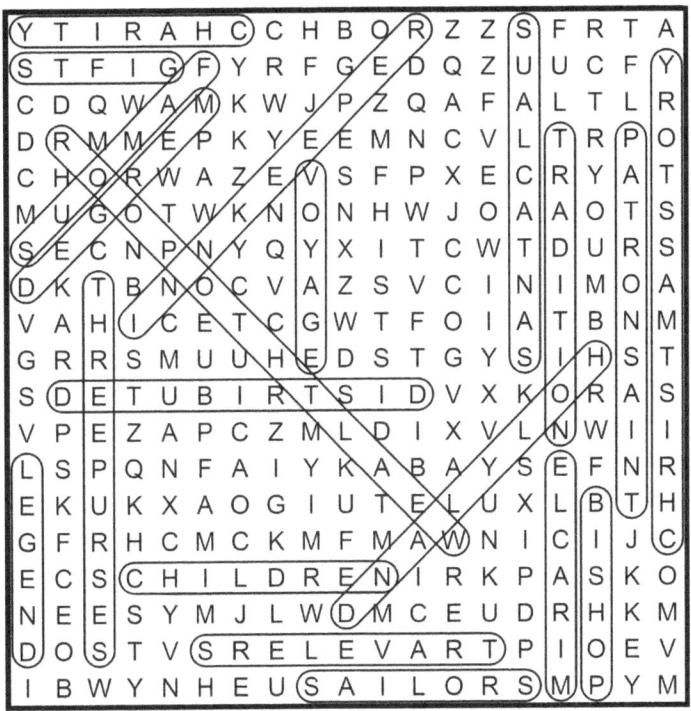

Santa's Workshop

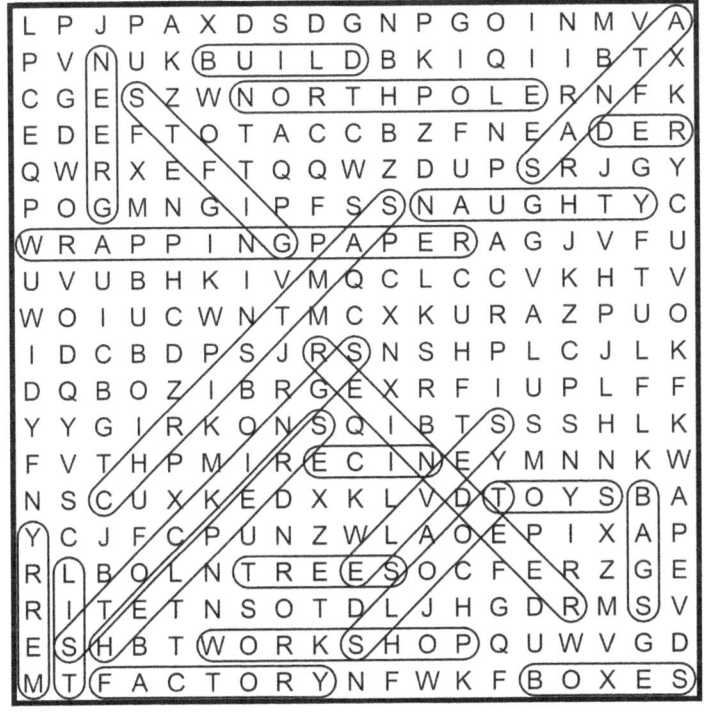

Santa

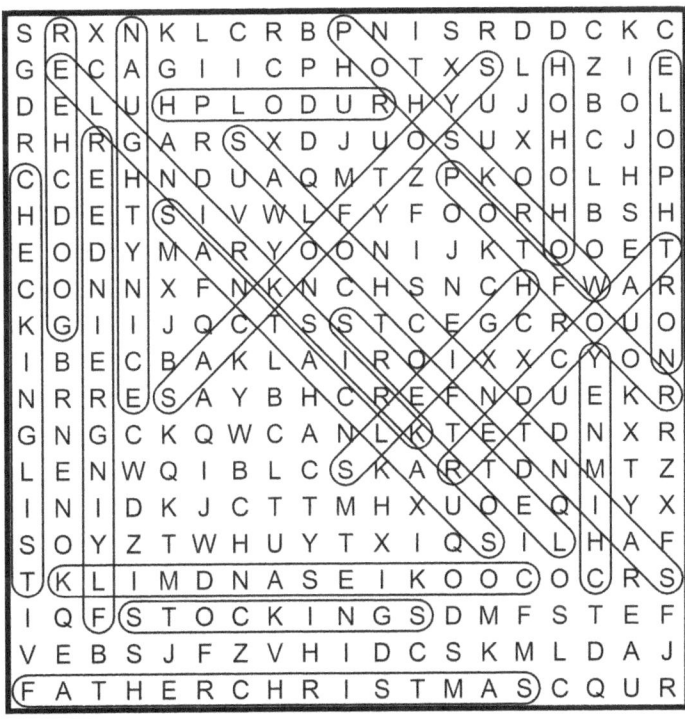

Solutions

for pages 59-62

Seasonal Treats

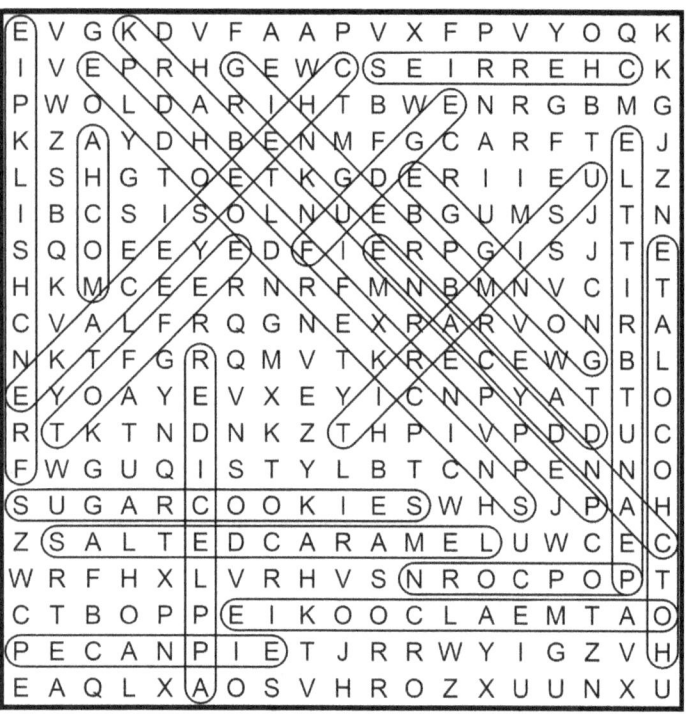

Silver Bells

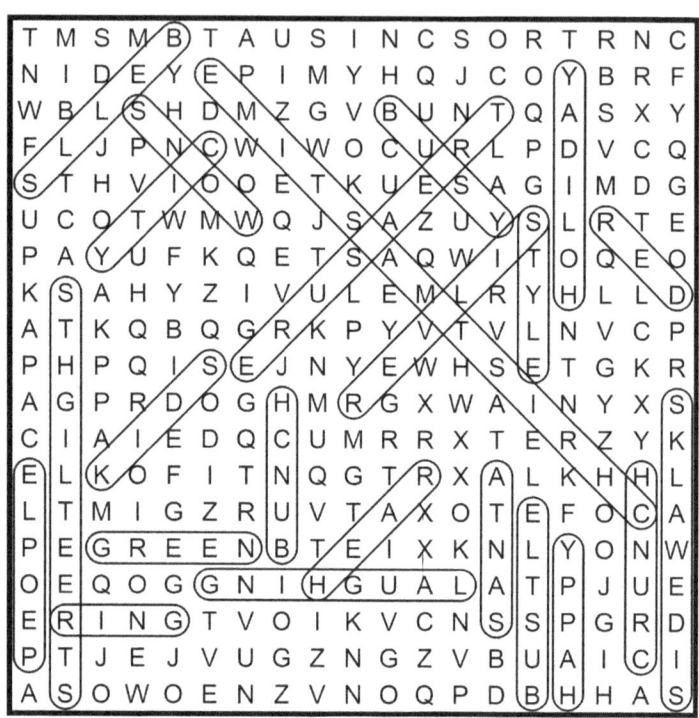

Silent Night

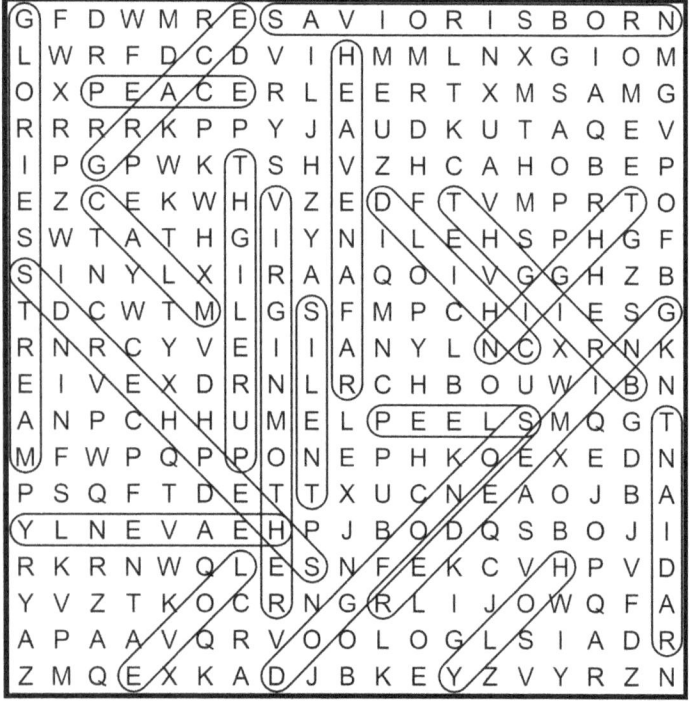

Sleigh Ride

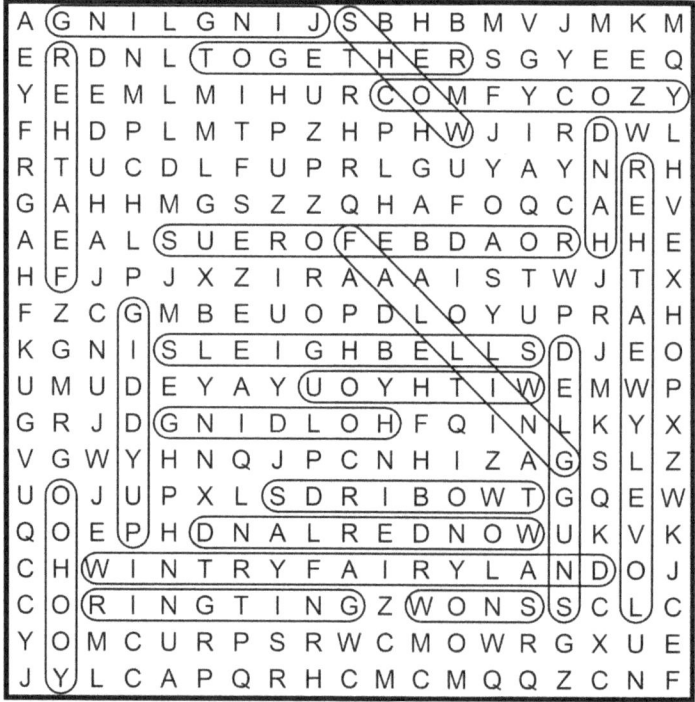

Solutions

for pages 63-66

Sledding

Snowmen

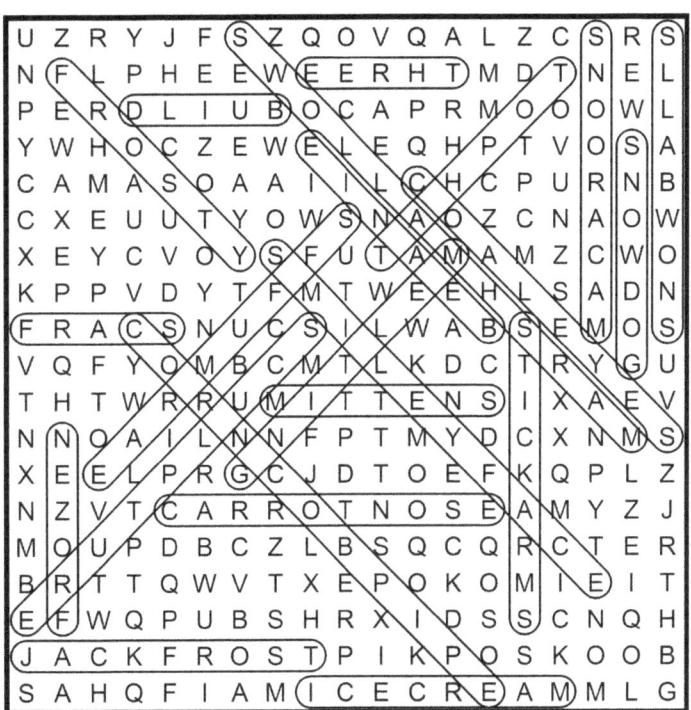

Star

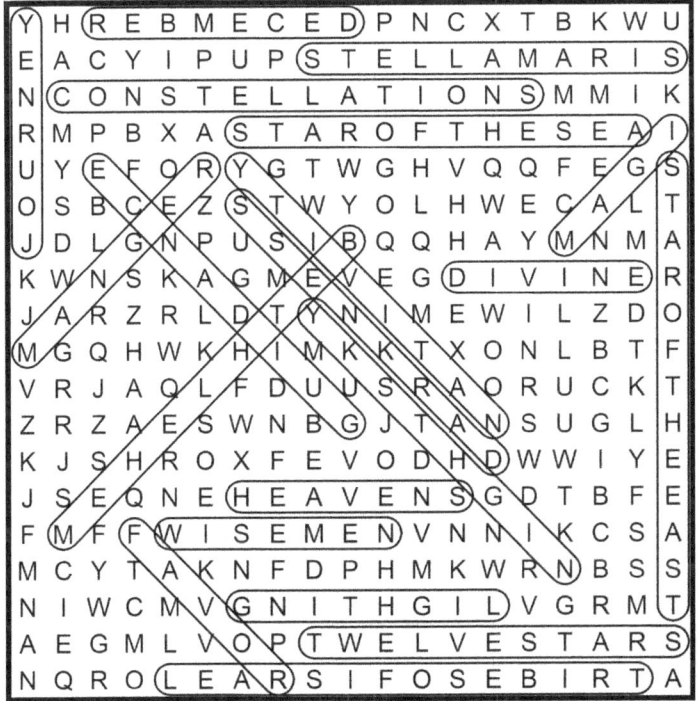

Traditional Toys

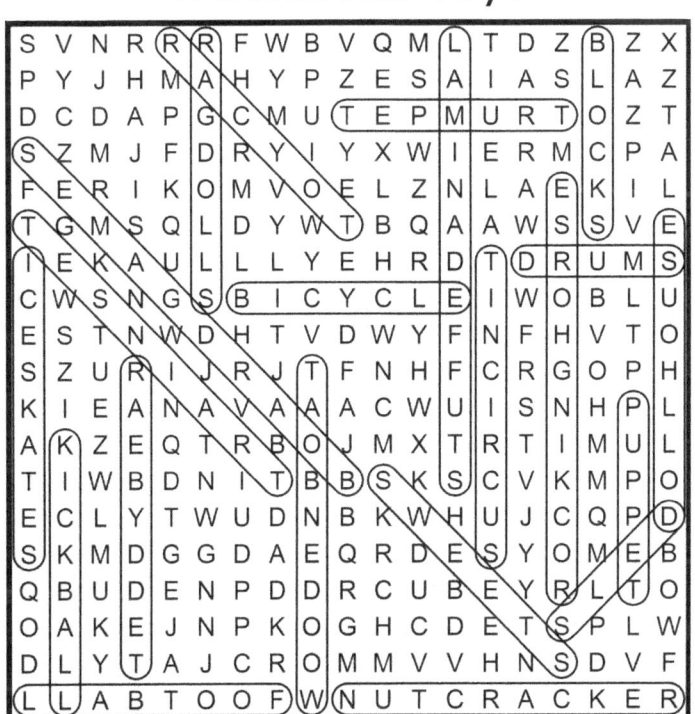

Solutions

for pages 67-70

Tree Decorations

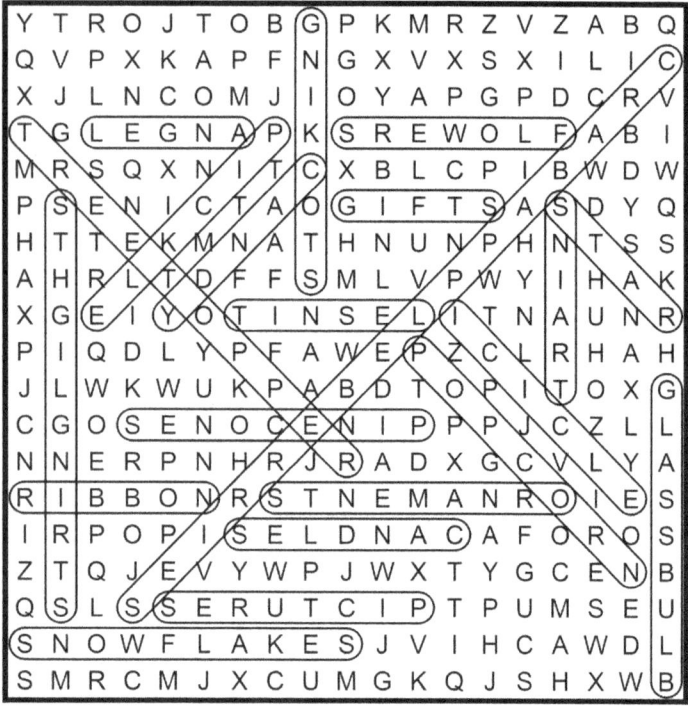

Troubled Waters

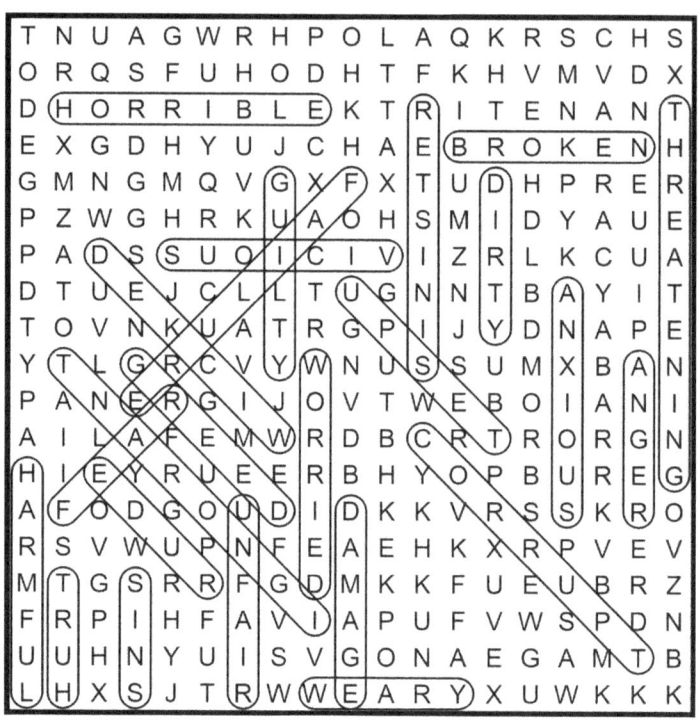

Twelve Days of Christmas

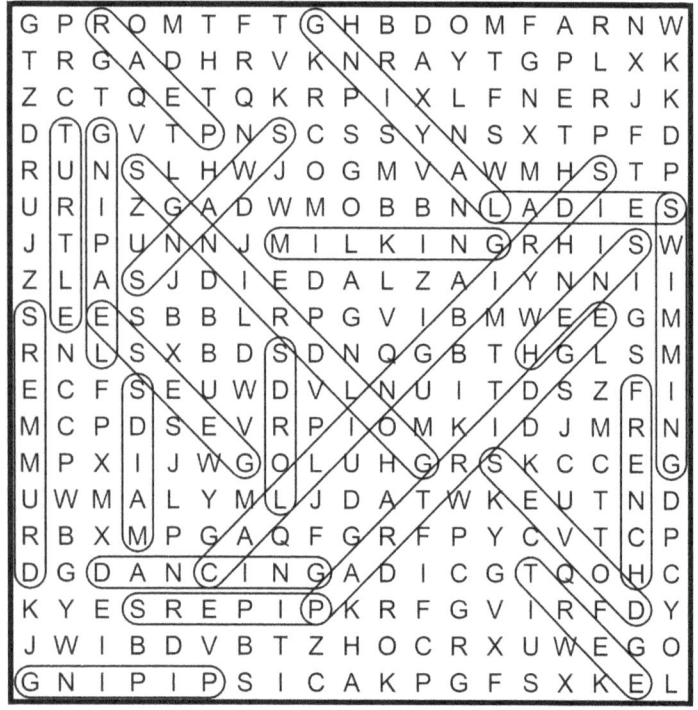

Water

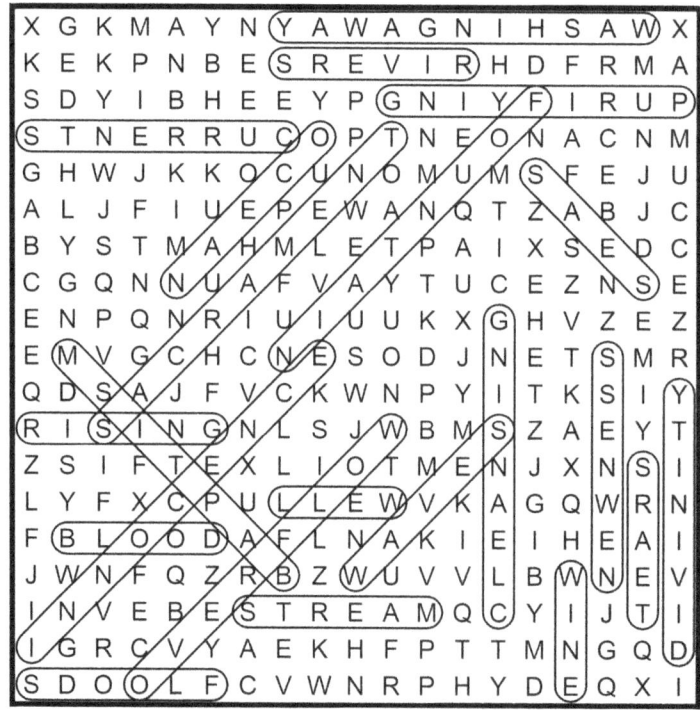

Solutions

for pages 71-74

White Christmas

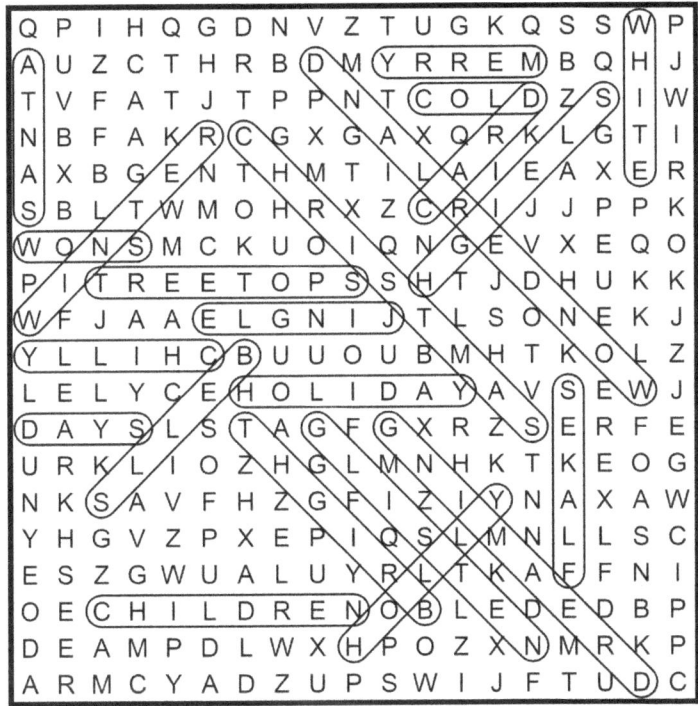

Wintry Forecast

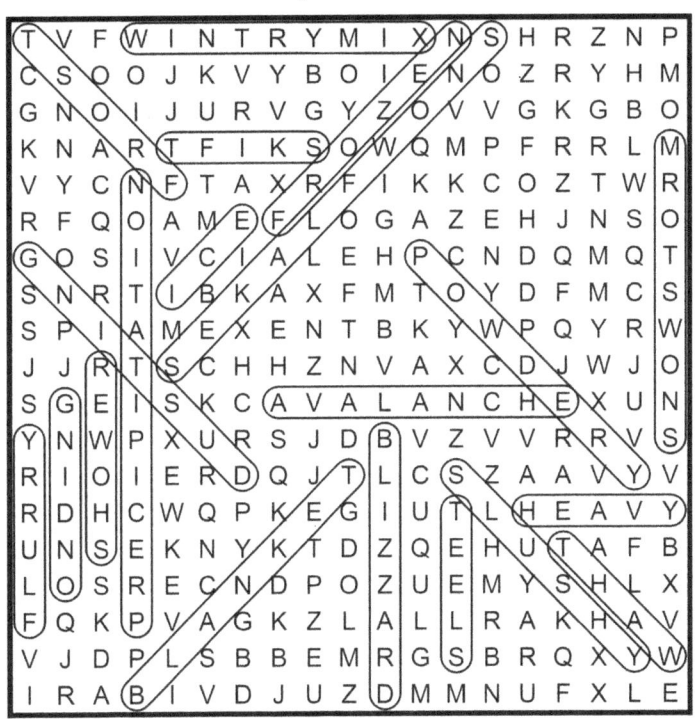

Winter Wonderland

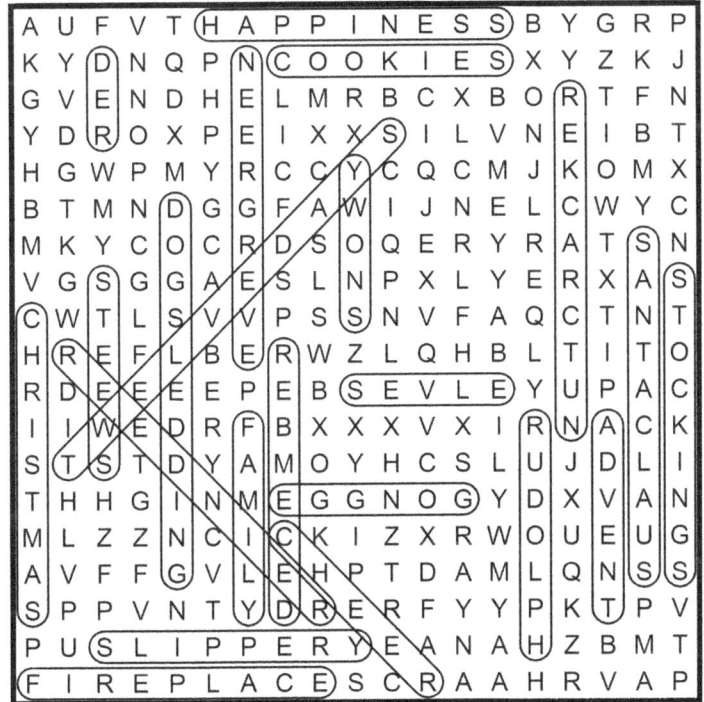

Wise Men Still Seek Him

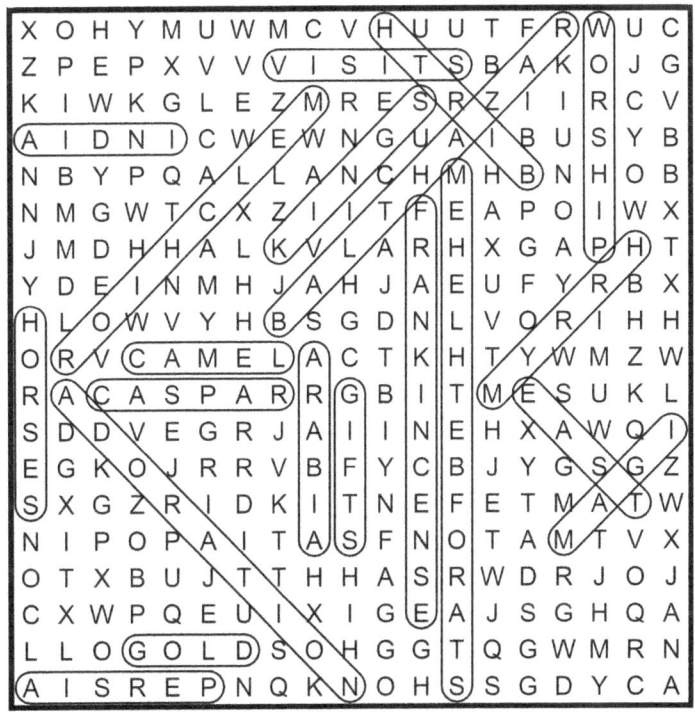

Solutions

for pages 75-77

Women of the Bible

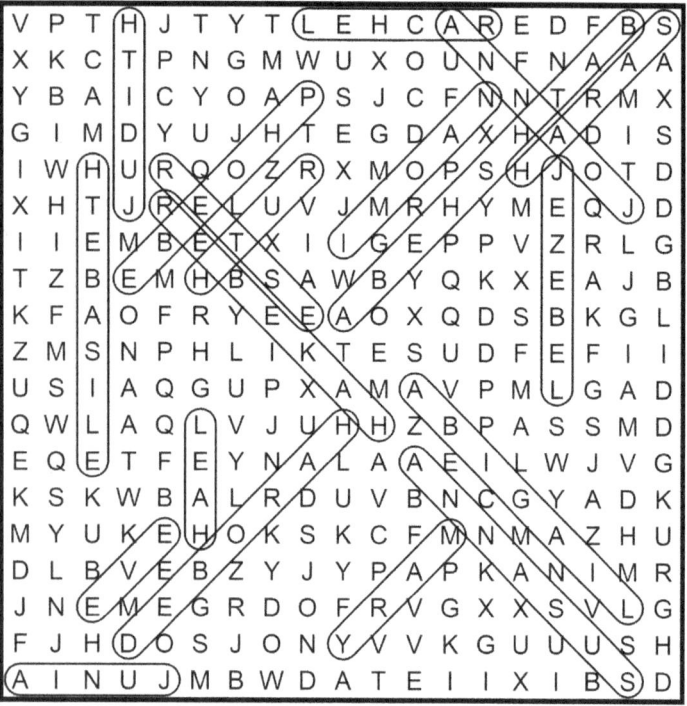

Words from the Bible

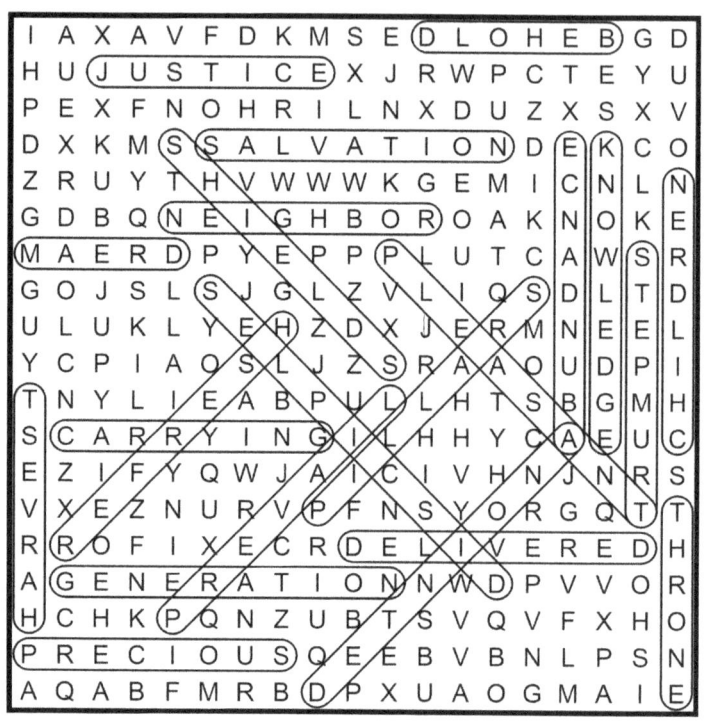

Psalm 97

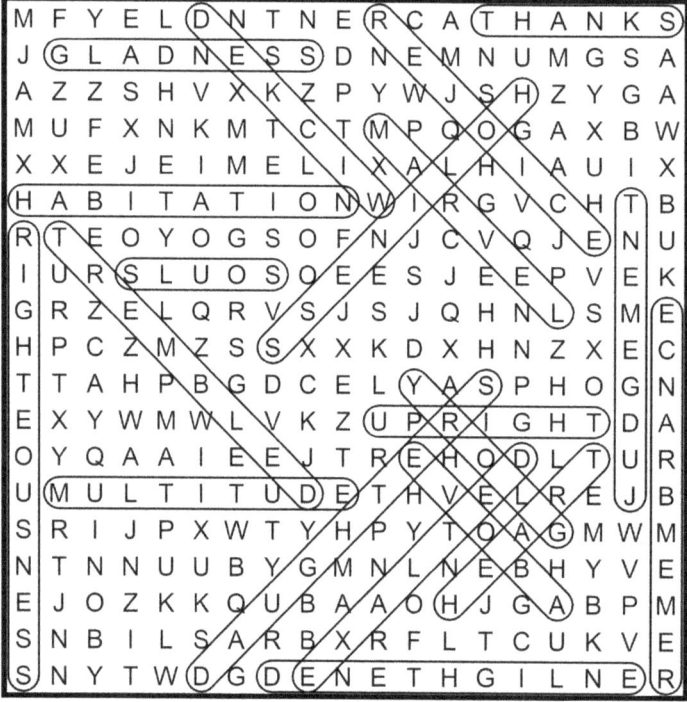

Also by
Nyx Spectrum:

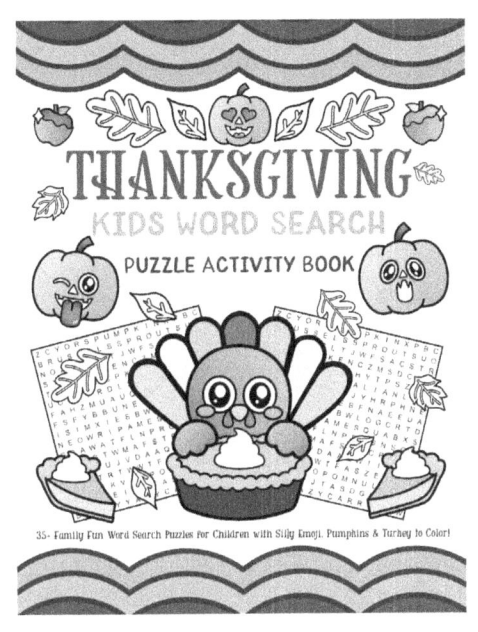

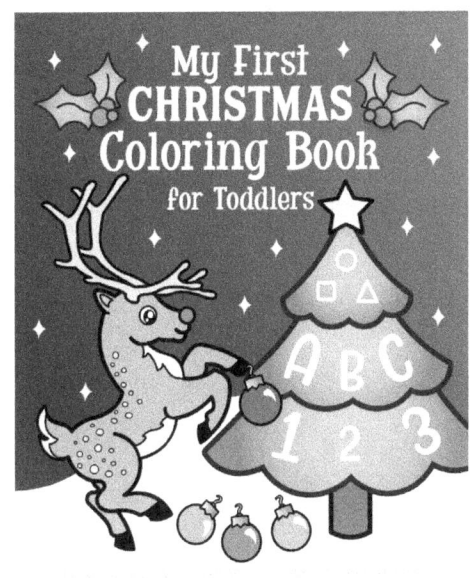

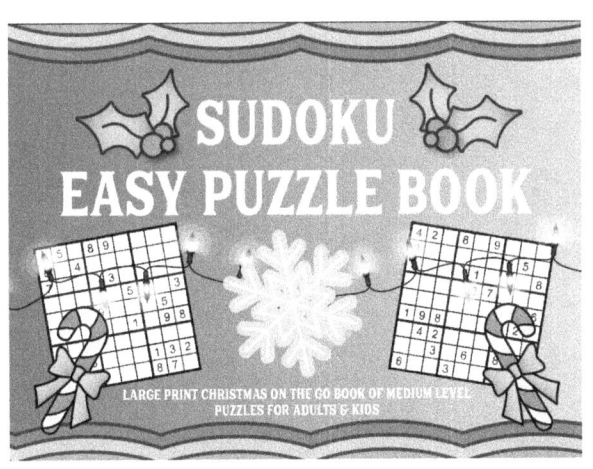

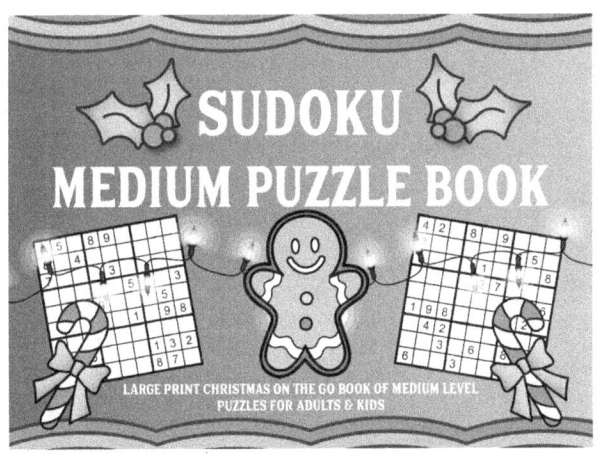

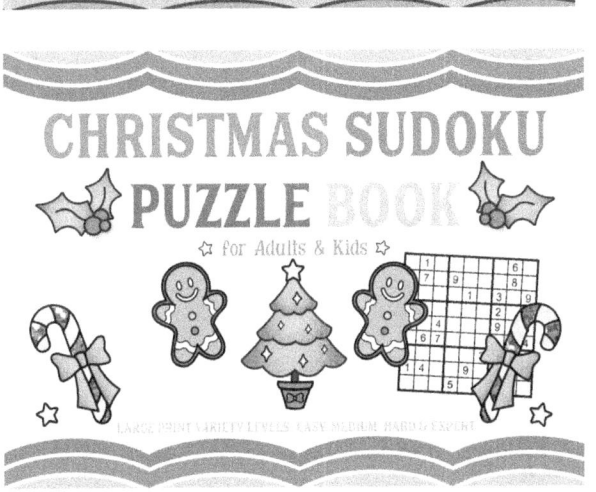

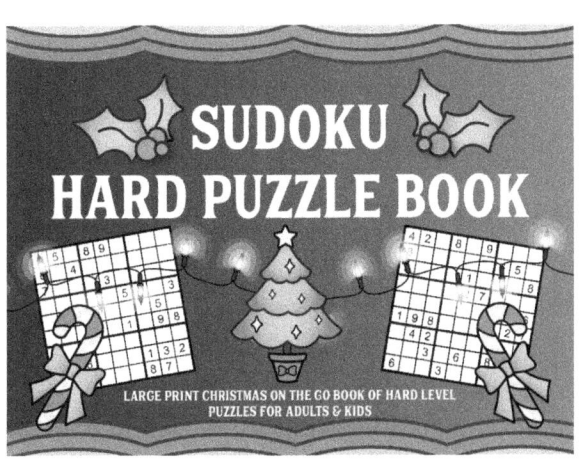